TIELU LVKE YUNSHU FUWU

铁路旅客运输服务

刘鹤琳　李　亮　主　编

山东科学技术出版社
·济南·

图书在版编目（CIP）数据

铁路旅客运输服务 / 刘鹤琳，李亮主编. --济南：山东科学技术出版社，2022.8
ISBN 978-7-5723-1247-2

Ⅰ. ①铁…　Ⅱ. ①刘…　②李…　Ⅲ. ①铁路运输-旅客运输　Ⅳ. ①U293

中国版本图书馆CIP数据核字（2022）第088439号

主　编　刘鹤琳　李　亮
副主编　王永华　姜艳秋　朱翠翠　王俊丽
　　　　刘增浩　吉增红　王功宝

铁路旅客运输服务
TIELU LVKE YUNSHU FUWU

责任编辑：梁天宏　宋丽群
装帧设计：李晨溪

主管单位：山东出版传媒股份有限公司
出 版 者：山东科学技术出版社
地址：济南市市中区舜耕路517号
邮编：250003　电话：（0531）82098088
网址：www.lkj.com.cn
电子邮件：sdkj@sdcbcm.com
发 行 者：山东科学技术出版社
地址：济南市市中区舜耕路517号
邮编：250003　电话：（0531）82098067
印 刷 者：济南乾丰云印刷科技有限公司
地址：济南市历城区孙村街道春深路688号
邮编：250104　电话：（0531）88755588

规格：16开（184 mm × 260 mm）
印张：11.75　字数：178千
版次：2022年8月第1版　印次：2022年8月第1次印刷
定价：39.00元

PREFACE

前言

目前，我国铁路运输发展迅速，铁路运输系统设备先进、高新技术应用普及，旅客出行对铁路方面的服务要求也越来越高，需要大量高素质的专业人才，这给学校开设铁路交通运营专业特别是客运服务方向的课程带来了机遇。

《铁路旅客运输服务》为铁路交通运营专业的通用教材，内容主要包括：概述、铁路旅客运输服务人员日常礼仪、铁路旅客运输车站服务工作、铁路旅客运输列车服务工作、旅客投诉、铁路旅客运输应急服务。

本教材采用校企结合模式编写，注重理论与实践相结合，强调以学生为中心，体现学科特色，展现学科优势，既是铁路交通运营专业的通用教材，也可以作为铁路交通运营专业人员岗前培训用教材。

本教材由济南市技师学院刘鹤琳、李亮担任主编，王永华、姜艳秋、朱翠翠、王俊丽、刘增浩、吉增红、王功宝担任副主编。在编写过程中得到了铁路济南站及济南铁路客运段有关专业技术人员的大力支持，在此表示衷心感谢！

由于掌握的资料和编者的水平有限，书中难免有错误和疏漏之处，敬请广大读者给予批评指正。

前言

CONTENTS

目录

项目一

概　述

项目描述

运输服务业兼有运输业和商业服务业的特性，是现代服务业的重要组成部分。加快交通运输现代服务业发展，是坚持高质量发展的具体举措，对推进供给侧结构性改革、加快产业转型升级，促进一二三产业融合发展具有重大意义。新中国成立以来，我国的各类交通运输方式都得到了迅猛发展。在我国交通运输业中，铁路运输始终处于骨干地位，对国民经济发展起到了强有力的支撑作用。铁路旅客运输服务要根据铁路自身特点，合理进行客运组织，本着“人民铁路为人民”的职业道德规范，全心全意为旅客服务。本项目以掌握行业规范为主，使学生养成良好的道德品质、社会公德，严格按照职业道德规范和行为准则，做好自己的本职工作。

学习目标

知识目标

1. 了解我国交通发展的历史。
2. 掌握铁路客运存在的优势。
3. 掌握提高铁路客运服务质量的途径。
4. 掌握道德和社会公德的具体要求。

5. 掌握职业道德的具体要求及职业道德的提高途径。

6. 掌握《公民道德建设实施纲要》。

7. 熟悉铁路客运服务人员职业道德的具体要求。

技能目标

1. 铁路客运服务人员职业认知。

2. 铁路客运服务人员职业道德认知。

素养目标

1. 通过学习，提升学生的职业道德素养。

2. 通过实训，培养学生主动服务、团队协作、团结互助意识。

任务 1 铁路旅客运输服务概述

一、运输服务业发展历程

1. 运输服务的概念

运输就是人或物的载运和输送，即以各种运载工具沿着相应的地理媒介和输送路线将人或物等运输对象从一地运送到另一地的位移过程。

运输服务是指对在公共道路上使用汽车或其他车辆从事道路旅客或货物运输及其相关业务活动的总称。道路运输业是综合运输体系中服务范围最广、承担运量最大、运输组织最灵活、运输产品最多样、就业人员最多的运输方式，在国民经济和社会发展中发挥着重要的作用。

交通运输业是指使用运输工具将货物或者旅客送达目的地，使其空间位置得到转移的业务活动，包括陆路运输服务、水路运输服务、航空运输服务和管道运输服务。陆路运输包括铁路和公路运输，铁路运输在我国交通运输业中始终处于骨干地位，对国民经济发展起到了强有力的支撑作用；公路运输在我国经济发展中占据重要地位，公路建设的快速发展，为公路运输在综合运输体系中发挥基础作用奠定了良好的基础。

2. 铁路运输服务业发展历程

从世界上第一条铁路正式运营到现在，已有 190 多年的历史。铁路的兴起和发展与科学技术、社会进步是密不可分的。铁路运输促进了科技发展和社会进步，同时，社会进步和科技发展又使铁路运输更加趋于完善。自 19 世纪末以来，由于航空运输和高速公路的发展，使铁路运输遭受了重大打击，但这也促使铁路运输在各方面加以改善。可以说，铁路运输的发展过程就是不断适应人类不同时代生活方式需求的过程。

19 世纪，工业革命的发展推动交通运输业的革命和发展，蒸汽机的出现及应用为铁路运输以蒸汽机车为动力奠定了基础。铁路运输的高速度、大运量吸引不少工业发达的资本主义国家兴建铁路。

（1）萌芽期（1825—1900）。1825 年，英国成功修建了世界上第一条公共服务铁路——斯托克顿至达林顿铁路。这条铁路全长不到 30 公里，用蒸汽机车牵引 34 节车厢，行驶速度约为 24 公里/小时，车厢内可载乘客 600 名、货物 900 吨，是世界铁路运输史的开端。此后，世界各国对铁路运输产生了浓厚的兴趣并纷纷试建。在此期间，欧洲各国和美国建成的部分铁路，对经济的发展和国家的强大起到了很好的推进作用。这一时期的铁路运输在社会上所处的地位相当重要，除了影响经济发展的货物运输外，在国防运输上更有其绝对的必要性。因此，欧美各国纷纷于这一时期兴建铁路运输系统。

（2）蓬勃发展期（1900—1945）。这一时期，由于欧美各国在海外殖民与拓荒所需，铁路迅速发展成为陆上运输的骨干，加上其独占性，使铁路行业成为运输业界的领导者，坐享超额利润的甜美果实。也正因为如此，大批的投资人纷纷开始在各地修建铁路。以美国为例，1920 年，全美铁路里程数合计约 40 万公里，铁路营运者有 1085 家之多；到了 1941 年，全世界的铁路总里程已达约 126 万公里，其中美洲占了 47%，欧洲占了 33%。这一时期铁路如此蓬勃发展，最主要的原因是在工业革命后，欧美各先进国家对原料、资源的需求增加及国际商品贸易量大增，使铁路运输的需求持续增加；

而当时的小汽车因受限于生产技术与价格，未能大量生产，陆地上的主要运输任务大都依赖铁路完成。

（3）衰退期（1946—1964）。当铁路业者正独占利润，无心改善服务和质量之际，科学家们已开始着手飞机的设计与汽车内燃机的改良。第二次世界大战以后，小汽车在技术上获得了关键性的突破，美国福特公司开始制造数百万辆的廉价小汽车，让当时的美国人彻底感受到小汽车的方便性。鉴于汽车将被广泛使用，各国政府纷纷投入大量资金修筑、完善公路系统，以促进经济发展。同时，由于长期以来的垄断地位，使铁路服务水准每况愈下，加上铁路在快捷性上不及公路高，因而逐渐被各国政府轻视，甚至制定许多法案限制铁路行业的营运，以避免铁路业获取更大的利润。在这些不利因素影响下，铁路运输营运量开始大幅度衰退。以美国为例，1955 年，全美铁路里程约有 35 万公里；到了 1965 年，铁路里程减少了 4 万公里，铁路公司减少为 552 家，铁路客运量仅占 1940 年的 20%。在此期间，由于公路与航空业的发展，使铁路运输业的客运来源逐渐减少，而货物运输因此成为铁路的主要营业项目，但总货运量也逐渐减少。1930 年，美国的铁路货运量仍占全国货运量的 74.3%，但到了 1965 年仅剩下 43.5%，铁路运输业被认为是没有前途的“夕阳工业”。

（4）复苏期（1964 年至今）。1964 年，日本建成了世界上第一条时速为 200 公里的高速铁路——东海道新干线。高速列车克服了传统铁路在行车速度上的限制，行驶于东京及大阪之间，每天平均载客达 45 万人次，高峰日则超过百万人；营运 7 年就将 10 亿美元的建设成本连本带利还清，从而重新找回铁路业者的希望。近几年，日本、法国、德国等国家陆续完成了更新更快的高速铁路系统，从而彻底改变了铁路运输服务业的不良形象。

知识链接

我国铁路发展现状

1876 年，中国出现了第一条铁路，即由英国怡和洋行在华修建的吴淞铁路。5年后，在清政府洋务派的主持下，于1881年开始修建唐山至胥各庄铁路，揭开了中国自主修建铁路的序幕。根据国家统计局数据显示，2014—2018年，我国铁路固定资产投资额均保持在8000亿元以上，2018年，全国铁路固定资产投资完成8028亿元。投产新线4683公里，其中高速铁路就占4100公里。2019年前5个月，我国铁路固定资产投资累计额为2244亿元，同比增长12.6%。

在国家相关部门出台一系列政策的支持下，我国铁路路网覆盖了全国各大城市，未来国家仍将继续加大对铁路行业的投资，让更多的人享受到出行的便利。根据2016年国家铁路局发布的《中长期铁路网规划（2016—2030）》显示，到2020年，全国铁路网规模达到15万公里，其中高速铁路3万公里，覆盖80%以上的大城市；到2025年，进一步扩大铁路网络覆盖，铁路网规模达到17.5万公里，其中高速铁路3.8万公里，从而更好地发挥对经济社会发展的保障作用。由此可知，未来我国铁路相关产业发展前景可观。

中国铁路运输发展已逾百年。在这百年里，我国铁路运输事业取得了较大发展，特别是近50年来，在正确的政策方针指导下，推陈出新，突飞猛进，铁路运输已成为首要运输工具，特别是旅客运输。随着国民经济的发展，现代化生活节奏加快，人们对出行工具的要求逐渐提高。目前，我国铁路旅客运输的现状，一是运输服务发展较快，更加合理化、人性化；二是未能满足运输需求，尚有可发展空间。截至2019年，全国铁路营业里程达到13.9万公里以上。2019—2020年5月，我国铁路月平均货运量保持在3亿～4亿吨，货运量较为稳定。2019年上半年，我国铁路货运量在3亿～3.5亿吨，下半年在3.5亿～4亿吨。2011—2019年，我国铁路客运量总体呈逐年增长态势，年均复合增速为8.90%。2019年，我国铁路客运量为36.60亿人次，同比增长8.45%。2020年1—5月，我国铁路客运量为6.52亿人次。

二、铁路旅客运输服务

旅客运输是现代交通体系的一个重要组成部分，为人们进行经济、文化等社交活动和生活提供必要的出行条件。铁路是我国交通运输体系的骨干力量，是国民经济的大动脉。铁路旅客运输是铁路运输的重要组成部分，是指铁路部门利用旅客列车把旅客及其凭客票托运的行李从一个地方运送到另一个地方的过程。

铁路客运企业生产的产品包括一切能满足旅客欲望、需求和利益的有形实体和无形部分，即满足旅客位移需要的全部服务。因此，旅客运输服务准确来说应为旅客运输产品。铁路旅客运输产品是指在铁路旅客运输过程中实现的旅客在空间上的位移，其计量单位是“人公里”。

1. 铁路旅客运输的任务

（1）最大限度地满足广大旅客在旅行上的需要。

（2）安全、迅速、便利地运送旅客、行李、包裹和邮件。

（3）在旅途中为旅客创造舒适愉快的环境。

（4）提高服务质量，为旅客提供优质服务。

2. 铁路旅客运输企业的性质

我国的产业可以划分为三大类，即第一产业、第二产业和第三产业。铁路旅客运输业属于第三产业，是国民经济的基础产业和先导产业。铁路旅客运输企业是从事旅客运输的物质生产部门，其产品是使旅客完成空间上的位移。在完成位移的过程中，运输企业应该提供满足旅客需要的所有服务，包括有形服务和无形服务。铁路旅客运输企业在产品的生产过程中，既是生产者，又是服务者，具有公共服务性。因此，为消费者提供服务是铁路旅客运输企业存在的前提。

3. 铁路旅客运输的特点

（1）铁路旅客运输的主要服务对象是旅客，其次是行李、包裹和邮件。

（2）铁路旅客运输生产向社会提供的是无形产品，其核心产品是旅客的空间位移。它被旅客本身所消耗，其使用价值具有不确定性，其创造的社会经济效益远大于自身的经济效益。

（3）铁路客运产品具有易逝性。旅客位移的生产和消费过程同时进行，产品不能储存、不能调拨。

（4）铁路旅客运输在时间上具有较大的波动性。

（5）铁路客运车辆实行配属制（固定配属于各局客运车辆段），便于运用管理和维修，以确保车辆质量。

（6）铁路客运站的位置宜设在客流易于集散处，一般应靠近城镇，使旅客便于换乘不同的交通方式，并与市内交通及其他各种交通工具有良好的配合。旅客列车到发线及站台一般应按方向和车次予以固定，不宜随意变更。

（7）旅客有较强的自主性。旅客在旅行中有不同的物质文化生活需求，如饮食、盥洗、休息、通风、照明、温度等，旅客运输企业不仅应满足这些需求，还应积极创造、改善旅行环境并提供优质的服务，使旅客心情愉悦。

（8）铁路旅客列车都是根据需要事先编组好并按固定时刻表运行的，旅客根据自己旅行的需要选择乘车日期、车次、到站、座别。

（9）铁路运输企业应向旅客提供不同服务等级的运输产品，供不同需要、不同消费水平的旅客选择。

（10）客运服务质量的控制主要在于过程控制，它不同于工业产品质量（最终产品或生产过程），客运服务必须对售票、候车、乘降、列车服务等进行全过程控制。

4. 铁路旅客运输产品的特点

（1）无形性。消费者在购买一般商品时可以看到、听到、嗅到或触摸到所购之物，而旅客在客运服务市场上购买的车票仅是一种凭证，旅客在选择出行方式时见不到客运服务产品的形体，只能根据自己以往的旅行经验、相关介绍或通过媒体宣传获得的印象来选择。另外，无形性还表现在铁路客运服务产品的价值和使用价值不是凝结在具体的实物上，而是凝结在无形的服务中。

（2）差异性。铁路客运服务是服务人员与旅客高接触的行业，是“以人为中心”的行业，人们的个性差异使铁路客运服务很难一致。首先，由于服务人员自身心理状态、身体状况等因素的影响，不同的服务人员在同一岗位上会有不同的表现，即使是由同一个服务人员所提供的服务，也可能因时间的不同或服务对象的不同而有不同的水准。其次，由于旅客直接参与服务的生产和消费过程，旅客本身的因素也可能直接影响服务的质量和效果。再次，旅客之间的相互影响也会影响旅客在旅途中的感受和心情。

（3）时空性。旅客的位移是一个矢量，具有空间特征。由于客运服务产品的生产必须以旅客的到来为前提，客运服务产品的生产和消费在时空上同时发生与同时结束。客运服务产品不能储存，也不能转移。

5. 铁路旅客运输产品的质量特性

铁路客运服务质量是指运输企业提供的服务满足旅客规定需要和潜在需要的程度。服务质量即旅客感知的质量。

规定需要是指已经在技术规范或服务规范中做出规定的旅客要求。

潜在需要是指虽然没有在技术规范或服务规范中做出规定，但旅客在接受客运服务时实际存在的需要。

铁路旅客运输产品的质量特性（图 1–1）如下：

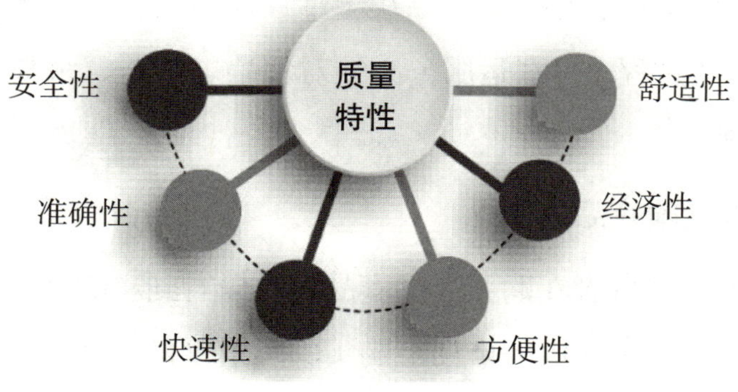

图 1–1　铁路旅客运输产品的质量特性

（1）安全性。安全性是旅客选择铁路作为出行交通工具的重要标准之一。《中华人民共和国合同法》（以下简称《合同法》）规定：承运人必须将旅客及时、准确、安全、迅速地送达目的地。旅行过程中的安全包括人身安全和财产安全。承运人应保证旅客携带的物品、托运的行李和包裹在旅行过程中完好无损。

（2）快速性。速度是评价铁路旅客运输服务质量的主要因素之一，速度越快，旅客在旅途中所耗费的时间就越少，就可以提高铁路旅客运输的服务质量。

（3）准确性。旅客列车应按列车时刻表规定的时间准时发车，正点将旅客运送至目的地，不应无故晚点。因此，铁路旅客运输企业必须采取一切措施，正点运行、准时到达，以满足旅客对准确性的要求。

（4）经济性。票价是铁路旅客运输产品的货币表现形式。对旅客而言，票价直接影响他们的出行成本。所以，铁路在制定票价时应考虑广大人民群众的生活水平，尽可能地降低成本，为旅客提供更经济的出行方式。

（5）方便性。铁路运输企业应该在旅客购票、上下车、行包托运等方面提供便利，手续要力求简便，一切从方便旅客出发。例如，在春运期间适当增加售票地点和窗口，提倡互联网订票和电话订票，车站内增设自动取票机等。这些措施可以有效减少很多不必要的手续和中间环节，为旅客创造便利条件。

（6）舒适性。随着物质文化生活水平的提高，人们对旅行舒适度的要求不断提高。因此，铁路运输企业必须改善客车车辆的技术性能和车厢内部设备及车站的服务设施等，尽可能满足旅客对舒适性的要求。

6. 服务工作质量管理

保证旅客运输产品的质量是服务管理工作的主要内容。由于服务产品的生产过程也是产品的消费过程，其产品的质量很难像其他实物产品那样既对最终产品进行检验控制，又对生产过程加以控制。因此，必须在旅客运输过程中的各环节提供必需的、周到的服务，确保服务产品的质量。

（1）建立并完善客票预订发售系统、车站服务工作系统、列车服务工作系统和餐车服务工作系统等旅客服务系统。

（2）制定服务作业标准。原铁道部制定了《铁路旅客运输服务质量标准》，明确了服务工作的内容和质量要求。

（3）宣传、贯彻和执行标准化作业，确保服务工作的质量。

知识链接

一、铁路旅客运输服务的分类

1. 按照旅客参与服务活动的程度，分为高接触性服务、中接触性服务、低接触性服务。

2. 按照服务时间和销售时间，分为售前服务、售中服务、售后服务。

3. 按照提供服务的主体，分为自主服务、人工服务。

4. 按照旅客与企业的关系，分为会员服务和非会员服务。

二、铁路客运服务质量测评的分类

服务质量测评是指用定性或定量的方法，了解顾客对服务的期望，并将其与已提供的服务水平进行比较，找出其中的差距，为进一步提高服务质量奠定基础。服务质量测评一般分为三大类：

1. 企业测评，包括内部管理性测评，如铁路管理部门对客运服务质量的自评。

2. 外部管理性测评，如旅客对铁路客运服务质量的评价。

3. 社会测评，如社会监督部门、社会媒体等对铁路客运服务质量的评价，其中旅客对服务的满意度测评越来越受到重视。

项目理论作业

1. 试述铁路旅客运输产品的特点。

2. 如何提高铁路运输的服务质量？

项目实作训练

1. 训练目的

通过训练提高学生的铁路运输旅客服务意识。

2. 训练要求

熟悉铁路客运服务特点及要求。

3. 任务实施

铁路旅客运输服务工作任务及要求。

4. 教学评价

项目一	概 述		
任务 1	铁路旅客运输服务概述		
考核内容		分值	考核得分
1. 铁路旅客运输服务相关知识整理		40	
2. 分组讨论铁路大发展对服务工作的要求		30	
3. 编制学习汇报情况		30	
总体得分			
教师简要评语： 教师签字：			

任务 2 铁路旅客运输职业道德规范

一、道德和社会公德

1. 道德

道德是社会意识形态之一，是人们共同生活及其行为的准则和规范。道德通过社会或一定阶级的舆论对社会生活起约束作用。

知识链接

道德的起源

实践或活动起源于欲望，而非理性。理性只能分辨对错，而不引起任何活动；欲望正好相反，它能够引起活动，却不能分辨对错。欲望能够服从理性，也能够反对理性。服从理性的欲望导致良好的选择，反对理性的欲望导致较差的选择，而道德正是这种良好的选择，所以说道德从根本上起源于欲望和理性的统一。

进一步讲，欲望是由感觉引起的，感觉又分为快乐和痛苦。快乐来源于爱好，痛苦来源于讨厌。凡热爱一事物者，该事物就能够给他以快乐，所以爱好道德者，道德也使他快乐。因此，道德与快乐并非不可兼得。

在没有养成习惯之前，做一个有道德的人不容易。但是，良好的选择习惯一旦养成，道德活动的本身就能够带来快乐，这种快乐又诱导我们选择做道德的事情，所以做一个有道德的人并不难。特别要注意的是从小就要养成一个好习惯，因为好习惯既然特别有助于增进人的幸福，坏习惯自然也就特别能够损害人的幸福。

马克思主义认为，道德是一种社会意识形态，它是人们共同生活及其行为的准则和规范。不同的时代、不同的阶级有着不同的道德观念，没有任何一种道德是永恒不变的。

道德不是天生的，人类的道德观念是受到后天的宣传教育及社会舆论的长期影响而逐渐形成的。这是一种道德相对主义，与之相反的主张则称为道德绝对主义。道德很多时候跟良心一起谈及，良心是指自觉遵从主流道德规范的心理意识。

2. 社会公德

社会公德简称“公德”，是指存在于社会群体中间的道德，是生活于社会中的人们为了群体的利益而约定俗成的行为规范。公德的本质是一个国家、一个民族或者一个群体在历史长河中、在社会实践活动中积淀下来的道德准则、文化观念和思想传统，它对维系社会公共生活和调整人与人之间的关系具有重要作用。与“私德”相对，这里的“公德”是指与国家、组织、集体、民族、社会等有关的道德；而“私德”则指个人品德、作风、习惯以及个人生活中的道德。社会公德是维持良好人际关系的条件，是衡量一个民族进步的标志。

（1）社会公德的特点。社会公德是人类社会文明成果的沉淀和积累，它具有以下几个特点：

①基础性。社会公德是社会道德体系的基础层次，在每一个社会都被看作是最起码的道德准则，是为维护社会公共生活的正常进行而提出的最基本的道德要求。社会公德水平的高低又昭示着一个社会道德风气好坏的程度。

②全民性。社会公德是社会全体成员必须遵守的道德规范，具有最广泛的群众性和适用范围。

③相对稳定性。社会公德作为“多少世纪以来人们就知道的、千百年来在一切行为守则上反复谈到的、起码的公共生活规则”，是人类世世代代调整公共生活中最一般关系的经验的结晶。

④简明性。社会公德大多是生活经验的积累和风俗习惯的提炼，往往不需要做更多说明就能被人们理解。

⑤渗透性。社会公德具有广泛的渗透性，它作为调节公共生活的准则，包含着非常广泛的内容，诸如遵守公共秩序、保持公共卫生、敬老爱幼、尊师爱生、言而有信、互相关心、互相帮助、礼貌待人、互相谦让、济困扶危、拾金不昧、见义勇为等。

（2）社会公德的主要内容。社会公德的内容是对公共生活中的方方面面提出的基本规范和要求。在我国现代社会中，社会公德要求每个公民都要做到文明礼貌、助人为乐、爱护公物、保护环境、遵纪守法。

①文明礼貌。社会公共生活中人与人之间应该和谐相处、举止文明、以礼相待，自觉杜绝说脏话、随便猜疑、欺骗他人等恶习。这是处世做人最起

码的要求。

②助人为乐。助人为乐是社会成员在公共生活交往中用以调整相互关系的行为规范之一。在公共生活中，人与人之间应该团结友爱、相互关心、相互帮助。爱人者人恒爱之，信人者人恒信之。现实生活中不可能人人都时时快乐、事事顺心，难免会遇到一些困难和问题，总有需要人帮助、救济的时候。这就需要人们互相帮助、扶危济困、乐善好施、助人为乐。对于不法行为，每个公民都应当分清是非、挺身而出、见义勇为，都有责任和义务自觉维护社会治安。

③爱护公物。爱护公共财物是社会公德极其重要的内容，尤其在公共场合更要注意这一点。

④保护环境。为了保持社会公共生活的环境整洁、舒适和干净，保障社会成员的身体健康，每个公民都应当讲究公共卫生、保护生活环境，这也是社会公共生活中人们应当遵循的最基本的行为规范。讲究公共卫生，营造优美环境，是人身心健康的重要保证，也是社会风尚的一个重要方面，体现一个民族的文明程度和精神面貌。

⑤遵纪守法。法律是对公民行为的必要约束及规范，是对道德的补充。自觉遵守法律法规、纪律，是社会公德最基本的要求。公共生活中，人们要能顺利地进行社会活动，就必须有规可循、有规必循。

（3）遵守社会公德的意义。社会公德是维护公共场所正常秩序和安定环境、维护现实社会生活的最低准则，是人们现实社会生活稳定发展的基本条件。遵守社会公德是成为一个有道德的人的最基本要求。社会公德发挥着维护社会稳定、公道、惩恶扬善的功能，在社会生产和生活中起着强大的舆论监督作用和精神感召作用。

社会公德建设是精神文明建设的基础性工程，也是反映精神文明程度的窗口。社会公德是社会道德的基石和支柱之一，对社会道德风尚具有稳定而深刻、广泛而持久的影响。社会道德又是社会精神文明的重要组成部分，通过人们践行社会公德的自觉程度和普及程度，可以看出整个社会精神文明建设的情况。

二、职业道德

1. 职业道德的概念

一般来说，人们的社会生活领域可分为公共生活、家庭生活、职业生活三大领域。职业道德是人们在职业生活中所遵循的道德原则和行为规范的总和。

2. 职业道德的主要内容

职业道德的含义包括以下八个方面：

（1）职业道德是一种职业规范，受到社会普遍认可。

（2）职业道德是长期以来自然形成的。

（3）职业道德没有确定形式，通常体现为观念、习惯、信念等。

（4）职业道德依靠文化、内心信念和习惯，通过员工的自律实现。

（5）职业道德大多没有实质的约束力和强制力。

（6）职业道德的主要内容是对员工义务的要求。

（7）职业道德标准多元化，代表了不同企业可能具有不同的价值观。

（8）职业道德承载着企业文化和凝聚力，影响深远。

每个从业人员，不论是从事哪种职业，在职业活动中都要遵守道德。要理解职业道德，需要掌握以下四点：

首先，在内容方面，职业道德总是鲜明地表达职业义务、职业责任及职业行为上的道德准则。它不是一般地反映社会道德和阶级道德的要求，而是反映职业、行业乃至产业特殊利益的要求；它不是在一般意义上的社会实践基础上形成的，而是在特定的职业实践基础上形成的。它往往表现为某一职业特有的道德传统和道德习惯，表现为从事某一职业的人们所特有的道德心理和道德品质，甚至会造成从事不同职业的人们在道德品貌上的差异，如人们常说的“军人作风”“工人性格”“学生味”“学究气”“商人习气”等。

其次，在表现形式方面，职业道德往往比较具体、灵活、多样。它总是从本职业交流活动的实际出发，采用制度、守则、公约、承诺、条例，以及标语口号之类的形式，这些灵活的形式既易于从业人员接受和实行，又易于形成一种职业道德习惯。

再次，从调节的范围来看，职业道德一方面用来调节从业人员内部关系，加强职业、行业内部人员的凝聚力；另一方面用来调节从业人员与其服务对象之间的关系，塑造本职业从业人员的形象。

最后，从产生的效果来看，职业道德既能使一定社会或阶级的道德原则和规范“职业化”，又能使个人道德品质“成熟化”。职业道德虽然是在特定的职业生活中形成的，但它绝不是离开阶级道德或社会道德而独立存在的道德类型。在阶级社会里，职业道德始终是在阶级道德和社会道德的制约和影响下存在和发展的，职业道德和阶级道德或社会道德之间的关系，就是一般与特殊、共性与个性之间的关系。职业道德与各种职业要求和职业生活结合，具有较强的稳定性和连续性，形成比较稳定的职业心理和职业习惯，能够在很大程度上改变人们在学校生活阶段和少年生活阶段所形成的品行，影响道德主体的道德风貌。

3. 职业道德的特点

（1）职业道德具有适用范围的有限性。每种职业都担负着一种特定的职业责任和义务。由于各种职业的职业责任和义务不同，从而形成各自特定的职业道德规范。

（2）职业道德具有发展的历史继承性。由于职业具有不断发展和世代延续的特征，不仅其技术世代延续，管理员工的方法、与服务对象打交道的方法也有一定的历史继承性。比如“有教无类”“学而不厌，诲人不倦”等从古至今都是教师的职业道德。

（3）职业道德的表达形式多种多样。由于各种职业道德的要求较为具体，因此其表达形式多种多样。

（4）职业道德兼有强烈的纪律性。纪律也是一种行为规范，但它是介于法律和道德之间的一种特殊规范。它既要求人们能自觉遵守，又带有一定的强制性。就前者而言，它具有道德色彩；就后者而言，又带有一定的法律色彩。也就是说，一方面，遵守纪律是一种美德；另一方面，遵守纪律又带有强制性，具有法令的要求。

4. 职业道德的社会作用

职业道德是社会道德体系的重要组成部分，既具有社会道德的一般作用，又具有自身的特殊作用。

（1）调节职业交往中从业人员内部以及从业人员与服务对象间的关系。职业道德的基本职能是调节职能。一方面，它可以调节从业人员内部的关系，即运用职业道德规范约束职业内部人员的行为，促进职业内部人员的团结与合作，如职业道德规范要求各行各业的从业人员要团结、互助、爱岗、敬业，齐心协力地为发展本行业、本职业服务；另一方面，它又可以调节从业人员和服务对象之间的关系。

（2）有助于维护和提高行业的信誉。一个行业、一个企业的信誉，也就是它们的形象、信用和声誉，是指企业及其产品与服务在社会公众中的信任程度。提高企业的信誉主要靠产品质量和服务质量，而从业人员较高的职业道德水平是产品质量和服务质量的有效保证。

（3）促进行业的发展。行业、企业的发展有赖于其经济效益，而经济效益的高低与员工素质的高低密不可分。员工素质主要包含知识、能力、责任心三个方面，其中责任心是最重要的。具有较高职业道德水平的从业人员，其责任心往往是极强的，因此，职业道德能促进行业的发展。

（4）有助于提高全社会的道德水平。职业道德是整个社会道德的主要内容。一方面，职业道德涉及每个从业者如何对待职业、如何对待工作，这是一个从业人员的生活态度、价值观念的表现，同时也是一个人的道德意识、道德行为发展的成熟阶段，具有较强的稳定性和连续性。另一方面，职业道德也是职业集体，甚至一个行业全体人员的行为表现，如果每个行业、每个职业集体都具备优良的道德，则会对整个社会道德水平的提高发挥重要作用。

三、铁路旅客运输行业职业道德

铁路职业道德在“人民铁路为人民”这一基本原则的统领下，分为行业规范、部门职业道德规范和具体工作岗位职业道德规范三个层面。铁路职业道德的基本原则在铁路职业道德体系中处于核心地位，是观察问题、处理问题的准绳。

1.铁路职业道德的基本原则：人民铁路为人民

铁路职业道德的基本原则确立了铁路职业道德行为的总方向：一切为了人民的利益，并贯穿于铁路职业道德实践的全过程，具有普遍的指导意义。在指导思想上，应该牢固树立“人民铁路为人民”的意识，明确“人民铁路为人民”是铁路职业活动的出发点，是制定具体规范的前提；在道德行为上，明确“人民铁路为人民”是铁路职业道德的核心，自觉地把它贯穿到各部门和各工种的职业道德规范中；在道德实践中，要求全体员工在其职业活动中全心全意为旅客、货主服务，为社会服务。

“人民铁路为人民”作为铁路职业道德的基本原则，是铁路职业道德建设的必然要求，是铁路现代化建设和实施跨越式发展的必然要求，也是中国铁路职业道德的显著标志。对于铁路来讲，不管是追求经济效益，还是追求社会效益，都是为了实现“人民铁路为人民”这一根本宗旨。片面强调或忽视任何一方，都不符合这一根本宗旨。

2.铁路职业道德的行业规范

铁路职业道德的行业规范，是铁路员工在职业活动中，特别是在运输生产中应遵循的基本行为准则。在市场竞争日益激烈的今天，质量和信誉等于企业的生命。铁路同样需要依靠质量和信誉去开拓和扩大市场份额，这也是铁路对国家、对人民负责的表现。

尊客爱货、热情周到集中体现了“人民铁路为人民”的宗旨和铁路员工爱国家、爱人民的高尚情怀；遵章守纪、保证安全是维护铁路企业利益、社会利益、旅客和货主利益，以及铁路员工自身利益的需要，是四者的有机统一。

（1）团结协作，顾全大局。团结协作，顾全大局，是铁路运输生产的特点决定的，是集体主义的具体体现。

（2）艰苦苦斗，勇于奉献。我国铁路事业要跟上科技、经济与时代发展的步伐，需要广大铁路员工艰苦奋斗，勇于奉献。

（3）廉洁自律，秉公办事。铁路是人民的铁路，要为人民谋利益、行方便，这也是维护铁路企业良好形象的重要保证。

（4）爱路护路，尽职尽责。铁路的一切设施都是国家财产，也是铁路员工从事生产的必要物质条件。铁路员工有义务爱护铁路的一切设施。同时，这也是铁路员工热爱本职工作、忠于职守、敬业爱岗的重要标志。搞好铁路治安综合治理，维护铁路运输正常秩序，也要求员工遵守这一规范。

（5）率先垂范，当好公仆。在职业活动中，铁路企业的干部必须站在时代的前列，事事处处起表率作用，当好人民的勤务员，全心全意为人民服务，成为铁路职业道德的积极倡导者和模范实践者。

知识链接

"善辉善行"把爱传递

近日，来自济南的旅客张先生陪着患病的妻子再次踏上赴京求医之路。在济南西站入口，他拨通了一个电话，几分钟后，济南站济南西客运车间客运员胡善辉从站内赶来，用轮椅将张先生的妻子推进站、送上车。

两年来，张先生和妻子多次往返于北京、济南两地，每次都是胡善辉用轮椅接送。在多次送站帮扶过程中，他们成了朋友。在胡善辉的手机通信录里，保存着很多像张先生一样的重点旅客的联系方式。

31 年前，因为摄影师解海龙的一张照片，"大鼻涕"少年胡善辉成了"希望工程"的代言人；31 年后，他成了中国铁路济南局集团有限公司的劳动模范。胡善辉在献身铁路、服务旅客的过程中，找到了自己的人生新坐标。在车站的大力支持下，胡善辉组建了以自己的名字命名的服务小分队——“善辉善行”服务队，为前来乘车的旅客提供帮扶服务。

“善辉善行”服务队只有胡善辉一名男职工，遇到推轮椅接送重点旅客这样的事情，他都主动揽下来。工作虽然很累，但是每当旅客脸上露出满意的笑容时，胡善辉觉得自己所有的付出都值得。

工作中，胡善辉带领团队转变思维方式，开展服务课题攻关，先后推出了为老年旅客代查健康码、为重点旅客制作“爱心暖阳贴”、为特需旅客提供免费电话等创新服务。他们还在新冠肺炎疫情期间推出了“无干扰一键求助”服务，旅客可与工作人员视频在线交流，避免近距离接触。

点点善举，铸成一座大爱之站；小小爱心，铺就一条温暖之旅。用善的光辉引领善的行动，用爱温暖南来北往的旅客。从山里娃到“善辉善行”服务队队长，从贫困儿童到新时代铁路青年，胡善辉带着感恩之情和回报社会的愿望完成了从受助者到助人者的角色转变，重点旅客身边总能见到他忙碌的身影，他用实际行动诠释着爱、展示着爱、传递着爱。

项目理论作业

1. 什么是职业道德？
2. 提高铁路旅客运输市场占有率的具体做法有哪些？
3. 铁路旅客运输行业职业道德行为规范是什么？

项目实作训练

1. 训练目的

通过训练提高学生的自身职业道德修养。

2. 训练要求

熟悉铁路职业道德的具体要求和体现。

3. 任务实施

根据实训要求，分组练习，掌握铁路职业道德的基本原则和行业规范。

4. 教学评价

<table>
<tr><th>项目一</th><th colspan="2">概 述</th></tr>
<tr><td>任务 2</td><td colspan="2">铁路旅客运输职业道德规范</td></tr>
<tr><td>考核内容</td><td>分值</td><td>考核得分</td></tr>
<tr><td>1. 案例分析“善辉善行”</td><td>30</td><td></td></tr>
<tr><td>2. 小组讨论</td><td>30</td><td></td></tr>
<tr><td>3. 结合自身情况提高自身职业道德修养</td><td>40</td><td></td></tr>
<tr><td colspan="2">总体得分</td><td></td></tr>
<tr><td colspan="3">教师简要评语：

教师签字：</td></tr>
</table>

项目二

铁路旅客运输服务人员日常礼仪

项目描述

铁路旅客运输的客运服务工作十分具体，直接面对广大旅客。客运服务工作是直接反映铁路运营管理水平的重要标志之一，也是反映城市文明程度的一个窗口。铁路运输作为窗口服务行业，在遵守行为礼仪规范的前提下，应深入理解礼仪的内涵，加强礼仪修养，注重礼仪修养与礼仪实践的有机结合。服务礼仪是铁路运输企业员工在工作岗位上通过言谈、举止等对乘客表示尊重的行为规范，是铁路优质服务的重要组成部分，不仅有利于员工提高自身的内在修养，而且能够提升铁路运输的企业形象。

学习目标

知识目标

1. 掌握铁路客运服务人员的日常礼仪。
2. 能够按照仪容仪表的规范要求为旅客提供服务。
3. 能够按照仪态礼仪的规范要求为旅客提供服务。
4. 能够按照语言礼仪的规范要求为旅客提供服务。

技能目标

1. 掌握客运服务人员规范的职业形象标准要求。
2. 学会客运服务人员服饰搭配技巧。
3. 培养客运服务人员良好的仪容、仪态、仪表礼仪。

素养目标

1. 培养客运服务人员良好的服务态度意识。
2. 养成良好的仪容、仪态、仪表习惯。
3. 根据自身条件修饰仪容，提升个人形象。

任务1 仪容仪表礼仪

情景导入

李江的口头表达能力不错，人既朴实又勤快，在业务人员中学历较高，领导对他抱有很大的期望。可是他做销售代表半年多了，业绩总是没有提升。问题到底出在哪儿？原来，他是个不修边幅的人，喜欢留长指甲，白衣领上常常有一圈黑色的痕迹，还喜欢吃大葱、大蒜之类的刺激性食物。请从礼仪角度分析小李业绩上不去的原因。

有心理学家曾经做过一个实验：分别让一位挎着菜篮子、脸色疲惫的中年妇女，一位打扮入时、妆容精致的漂亮女郎，一位面部干净、戴金丝眼镜的青年学者，一位留着怪异头发、脸上脏兮兮的男青年在公路边搭车。结果发现，四人中搭车的成功率从高到低的顺序是：漂亮女郎、青年学者、中年妇女、邋遢男青年。其中，“邋遢男”尝试了几十次，只成功了一次。

可以看出，不同的仪表代表了不同的人，随之就会有不同的际遇。这不仅仅是以貌取人的问题，而是第一印象管理问题。

一、个人形象礼仪

个人形象礼仪包括仪容、举止、表情、服饰、配饰等 5 个方面，它是社交礼仪的重要组成部分。

人们通常会对交往对象的个人形象倍加关注，并且十分重视遵照规范的、得体的方式塑造、维护自己的个人形象。人们常说：永远没有第二次机会去改变一个人的第一印象。

二、个人礼仪的基本原则

在个人礼仪中应当遵循两个原则，即“三应”原则和修饰避人原则。

“三应”原则：就是应事、应己、应制。应事，就是考虑自己所处的环境场合，要符合一定的礼仪规范；应己，就是根据自身的一些条件，如身高、体重、肤色等，遵循个人礼仪规范；应制，就是根据所处环境的风俗习惯、文化底蕴等表现出合适的个人礼仪。

修饰避人原则：不可在他人面前毫无顾忌地进行某些自我形象的维护、修饰动作，而应避开他人耳目到“幕后”进行。具体来讲，就是不在他人面前整理衣服、不在他人面前化妆打扮、不在他人面前做小动作等，礼貌处理无法控制的修饰行为。

三、仪容

仪容，一般指人的容貌，包括发式、面容、脸色等。它反映一个人的精神面貌，是传达给接触对象感官的最直接、最生动的第一信息。

仪容由发式、面容以及人体所有未被服饰遮掩的肌肤所构成，是个人仪表的基本要素。保持清洁是最基本、最简单、最普遍的美容。男士要注意细部的整洁，如眼部、鼻腔、口腔、胡须、指甲等。职业女性，尤其是社交场合的女士，通常要化妆。在某些场合，适当的美容化妆是一种礼貌，也是自尊和尊人的体现。

1. 仪容美的基本要素：貌美、发美、肌肤美

好的仪容能让人感觉到其五官构成和谐并富于表情；发质发型使其英俊潇洒、容光焕发；肌肤健美使其充满生命的活力，给人以健康自然、鲜明和谐、富有个性的深刻印象。

2. 具体做法

（1）坚持洗澡、洗脸

洗澡：可以除去身上的尘土、油垢和汗味，并且使人精神焕发。有可能的话要常洗澡，至少也要坚持每星期洗一次。在参加重大礼仪活动之前还要加洗一次。

洗脸：若脸上常有灰尘、污垢、泪痕或汤渍，难免让人觉得此人又懒又脏，所以，除了早上起床后、晚上睡觉前洗脸外，只要有必要、有可能，随时随地都要抽出一点时间洗脸净面。

（2）去除分泌物

眼角分泌物：它给人的印象很不雅，所以应及时地将其清除；戴眼镜者还应注意，眼镜片上的多余物也要及时擦除。

鼻孔分泌物：在外出上班或出席正式活动之前，要检查一下鼻孔内有无鼻涕，若有要及早清除。

口部的多余物：指口角周围沉积的唾液、飞沫、食物残渣和牙缝间的牙垢，必须及时发现、及时清除。

（3）定时剃须

除了宗教信仰与风俗习惯外，男性商务人员不宜留胡须，因为在交际场合它显得不清洁，显得对交往对象不尊重，因此男性最好每天剃一次胡须，绝对不可以胡子拉碴地上班或会面。此外，还要注意经常检查和修剪鼻毛。

（4）保持手部卫生

手被称为人的第二张脸，是与外界直接接触最多的部位，最容易沾染脏东西，所以必须勤洗手。同时，要常剪手指甲，长度以不长过手指指尖为宜。不要留长指甲，因为它不仅不符合商务人员的身份，还会藏污纳垢，给人不注意卫生的印象。

（5）注意口腔卫生

坚持每天刷牙，消除口腔异味，维护口腔卫生，是非常有必要的。有可能的话，在吃完每顿饭后都要刷一次牙。

（6）保持头发整洁

清洗头发：除了注意采用正确的方法之外，最重要的是对头发定期清洗。一般认为，每周至少清洗头发两到三次。

修剪头发：与清洗头发一样，修剪头发同样需要定期进行。正常情况下，应当每半个月左右修剪一次头发，至少每个月修剪一次。

梳理头发：梳理头发是每天必做之事，而且往往不止一次。按照常规，下述情况皆应自觉梳理一下自己的头发：出门上班前，换装上岗前，摘下帽子时，下班回家时，其他必要时。

在梳理自己的头发时，还要注意以下三点：一是不宜当众梳理头发。作为私人事务，梳理头发时应当避开外人。二是不宜直接用手梳理头发，最好随身携带一把发梳。不到万不得已，尽量不要以手指代替发梳。三是断发、头屑不宜随手乱扔。梳理头发时，难免会产生少许断发、头屑等，信手乱扔是缺乏教养的表现。

四、仪表

仪表即人的外表，包括容貌、举止、姿态、风度等。在政务、商务、事务及社交场合，一个人的仪表不但体现文化修养，也反映审美趣味。

人的长相、身材难以改变，而服饰却是可以变化的。整洁美观的服饰是人们用以改变自己或烘托自己的最好“武器”。仪表是一个人精神面貌的外在表现，其总体要求可以概括为48个字：

容貌端正，举止大方；端庄稳重，不卑不亢；
态度和蔼，待人诚恳；服饰庄重，整洁挺括；
打扮得体，淡妆素抹；训练有素，言行恰当。

1. 着装

服饰，狭义是指衣服上的装饰，广义是指衣服及其装饰。装饰包括与衣服分开的装饰用品，如领带、胸针、眼镜和手表之类的饰物。

（1）着装的原则（“TPO”原则）

Time（时间）：不同的时代、不同的季节、不同的时间应穿不同的服装。

Place（地点）：不同的工作环境、不同的社交场面，着装要有所不同。

Object（对象）：不同的身份、职业、年龄、肤色、形体应着装和谐。

（2）常见服装的款式

常见的服装款式有职业装、休闲装、运动装、礼服等。

（3）服装色彩的“三色”原则

①同色搭配。宜掌握上淡下深、上明下暗原则。

②相似色搭配。相似色搭配时，两个色的明度、纯度要错开。

③主色搭配。选一种起主导作用的基调和主色，搭配其他颜色，互相陪衬。

（4）着装的注意事项

①注意协调。所谓穿着协调，是指一个人的穿着要与他的年龄、体形、职业和所处的场合相吻合，表现出一种和谐，这种和谐能给人以美感。

②注意色彩。色彩是服装留给人们记忆最深的印象之一，在很大程度上也是着装成败的关键所在。色彩对他人的刺激最快速、最强烈、最深刻，所以被称为“服装之第一可视物”。

对一般人而言，要想在服装色彩上获得成功，最重要的是掌握色彩的特性（冷暖、轻重、缩扩）、色彩的搭配（统一法、对比法、呼应法）及色彩的选择。

③注意场合。所谓穿着要注意场合，是指根据不同场合进行着装。

2. 服装的饰物佩戴

（1）饰物佩戴原则

①以少为佳。通常限制在三种以内，而且每种不多于两件。

②同质同色。即质地（材料）、款式、色彩要协调。

③符合习俗。即与当时、当地习俗一致。

④注意搭配。要与自己的身份、衣着穿戴等相配，饰物之间也要协调。

（2）饰物佩戴规范

①丝巾。要考虑肤色、爱好、着装及丝巾的质地，并兼顾整体搭配效果。

②包。要与场合相宜。

③首饰。若戴项链，则应与年龄、体型和服装相呼应；若戴戒指，则戴一枚即可，最多戴两枚；若戴耳环，则应根据脸型特点选配。

项目理论作业

1. 什么是仪容、仪表？

2. 饰物佩戴的原则是什么？

3. 着装的原则是什么？

项目实作训练

1. 训练目的

通过训练，提高学生的动手能力和提升个人形象气质。

2. 训练要求

认识日常工作中仪容、仪表、礼仪的重要作用。

3. 任务实施

根据实训要求，分组练习，掌握仪容、仪表、礼仪标准。

4. 教学评价

项目二	铁路旅客运输服务人员日常礼仪		
任务 1	仪容仪表礼仪		
考核内容		分值	考核得分
1. 演练过程中学生的认真态度与团队精神		10	

续表

项目二	铁路旅客运输服务人员日常礼仪	
任务 1	仪容仪表礼仪	
考核内容	分值	考核得分
2. 头发养护、发型选择	30	
3. 服装搭配	20	
4. 配饰选择	20	
5. 整体效果	20	
总体得分		
教师简要评语： 教师签字：		

任务 2 仪态礼仪

仪态即人的举止姿态，包括站姿、走姿、坐姿、蹲姿、手势、鞠躬、表情等。仪态虽然是一种无声语言，但同有声语言一样具有明确的含义和表达功能，有时其效果甚至超过有声语言，这就是“此时无声胜有声”。

一、站姿

得体的站姿给人以挺、直、高以及健康向上的感觉，不好的站姿如低头含胸、双肩歪斜、依靠墙壁、腿脚抖动等则给人以萎靡不振的感觉。

1. 规范的站姿

（1）头正。两眼平视前方，下颌稍内收，表情自然，面带微笑。

（2）肩平。两肩平正，微微放松，稍向后向下沉。

（3）臂垂。两肩平整，双臂自然下垂，中指对准裤缝。

（4）躯挺。胸部挺起，腹部内收，腰部立直，臀部向内向上收紧。

（5）腿并。两腿立直，贴紧脚跟靠拢，两脚尖朝外。

男士要求稳健、刚毅、洒脱，体现阳刚之美；女士要求优美、庄重、大方，体现柔和轻盈之美。

2. 站姿展示

（1）男女基本站姿：面带微笑、抬头、挺胸、收腹、立腰、提臀，下颚微收，双手自然垂直于身体两侧，脚跟靠紧，脚尖分开呈“V”字（开口幅度：女士 30°～35°，男士 45°～60°）。

（2）女士优雅站姿：双手自然并拢，右手搭在左手上，轻贴于腹前，两脚呈丁字步。

（3）男士腹前握指式站姿：双手相握，叠放于腹前，两脚分开，与肩同宽。

（4）男士后背握指式站姿：挺胸收腹，双腿直立，双脚与肩同宽，右手搭在左手上，贴于尾骨。

3. 不良站姿及站姿忌讳

站立时，切忌无精打采或东倒西歪，双手不可叉在腰间或抱在胸前。不能将身体倚靠在墙上，或倚靠其他物品作为支撑点。不能弓腰驼背，两肩一高一低。不能双臂乱摆，双腿乱抖，不能将手插在裤袋里，更不要做小动作。

4. 活动方式

以小组为单位，实行组长负责制，坚持每天训练 20 分钟，7 天一个周期进行展示，要求健康、挺拔、自信。

训练时最好配上轻松愉快的音乐，可以调整心态，既可以防止训练的单调性，又可以减轻疲劳感。站姿训练的方法主要有：

（1）顶书训练。把书本放在头顶中心，为使书不掉下来，头、躯体自然会保持平衡。这种训练方法可以纠正低头、仰脸、头歪、头晃及左顾右盼的毛病。

（2）靠墙训练。九点靠墙（后脑勺、双肩、双臂、两小腿、两脚跟的九个点紧靠墙面），姿势符合要领。

（3）背靠背训练。两人一组，背靠背站立，头部、肩部、臂部、小腿、脚跟紧靠，并在两人的肩部、小腿部相靠处各放一张卡片，不能让其滑动或掉下。这种训练方法可使学生的后脑勺、臂部、小腿、脚跟保持在一个水平面上。

（4）对镜训练。面对镜面，检查自己的站姿及整体形象，看是否歪头、斜肩、含胸、驼背、弯腿等，发现问题及时调整。

二、走姿

走姿是指一个人在行走过程中的姿势，是展示人的动态美的延续动作，是节奏美的体现。对走姿的要求是“行如风”，是指行走动作连贯，从容稳健。协调和韵律是步态的最基本要求。良好的步态应该是自如、平稳、轻盈、矫健、敏捷，给人动态之美，表现出朝气蓬勃、积极向上的精神状态。

1. 步位标准

步位是指脚落地时应放的位置。女士要求两脚内侧落地时在一条直线上，即行走时应以脚尖正对着前方，形成一条虚拟的直线，每行进一步，脚跟都应当落在这一条直线上。男士要求平行前行，两脚内侧着地的轨迹不在一条直线上，而是在两条直线上。

2. 步幅适当

步幅又称为步度，是指跨步时两脚间的距离。标准步幅为一脚至一脚半，即前脚脚跟与后脚脚尖之间的距离为本人脚长的 1 ~ 1.5 倍。男士步伐略大，以展示阳刚之美，应稳健、有力、洒脱；女士步幅略小，以体现阴柔之美，应轻盈、含蓄、优雅、飘逸。

3. 步频均匀

步频是指行走时的速度。正式场合下的步频应当保持均匀、平衡，如遇有急事，可加快步频，但不可奔跑。

4. 步高合适

行走时脚不要抬得过高，那样看上去缺乏稳健感；也不能抬得过低，脚后跟在地上拖着走，使人感觉缺乏朝气，显得步履蹒跚、老态龙钟。

5. 重心放准

起步时，身体须向前微倾，重量要落在反复交替移动的前脚掌上，切勿让身体的重心停留在后脚上。当前脚落地、后脚离地时，注意膝盖一定要伸直，落下脚时再稍微松弛，并即刻使重心前移，形成良好的步态。

6. 摆臂自然

行走时双肩平衡，防止左右摇晃；双臂自然放松，以肩关节为轴，大臂带动小臂，手掌朝内，前后自然摆动，摆幅以 30° 左右为准。

7. 造型优美

走路时，应先脚掌落地，然后脚后跟触地。从美学的角度讲，前脚掌先触地，能减少全身的摆动与颠簸，给人一种轻巧感；行走时要有节奏感，膝盖和脚腕都要富于弹性，伸放自如；双臂自然、轻松地摆动，不要左右摇摆；走出一定的韵律感，才会显得自然优美、风度潇洒。头正、颈直、下颌微收，目光平视前方（约 4 米处）。

三、坐姿

俗话说“坐如钟”，这是形容人们的坐姿像钟一样沉稳、端庄。优雅的坐姿传递着自信、友好、热情的信息，同时也显示出高雅庄重的良好风范。坐姿要领是：上身挺直，两肘或自然弯曲或靠在椅背上，双脚接触地面（跷脚时单脚接触地面），双腿适度并紧。具体而言，规范、优雅的坐姿包括：

1. 入座

首先，入座要注意顺序，分清尊次，请长者、尊者等先入座；面对服务对象时，一定要先请对方入座，这是待人以礼的表现。其次，入座应合“礼”，即与他人同时就座时，应当注意座位的尊卑，并且主动将上座相让于人。入座时还应讲究“左入左出”，从座位左侧入座，从左侧离座。这样做，是一种礼貌，是“以右为尊”的具体体现，而且也容易就座。最后，入座时动作应轻缓放松，轻松自然，尽量不要坐得座椅乱响，不可随意拖拉椅凳。就座时，若附近坐着熟人，应主动跟对方打招呼。若身边的人不认识，也应先向其点头。

2. 离座

离座时应先有表示。离开座椅时，身旁如有人在座，须以语言或动作先向其示意，然后方可站起身来。与他人同时离座，须注意起身的先后次序。地位低于对方时，应稍后离座；地位高于对方时，则可先行离座；双方身份相似时，可同时起身离座。起身离座时，最好动作轻缓，不要“拖泥带水”，弄响座椅或将椅垫、椅罩掉在地上。

3. 坐定的姿势

（1）腿的摆放

不管是从尊敬客人，还是从坐得优雅舒适的角度讲，腿的摆放都要多加注意。

①“正襟危坐”式。适用于正规场合，要求上身和大腿、大腿和小腿应当形成直角，小腿垂直于地面；双膝、双腿包括两脚跟部都要完全并拢。

②垂腿开膝式。这是男士正规坐姿。要求上身和大腿、大腿和小腿呈直角，小腿垂直于地面；双膝允许分开，幅度不要超过肩宽。

③双腿叠放式。适合穿短裙的女士。要求双腿一上一下交叠在一起，交叠后的两腿间没有任何缝隙，如一条直线；双腿斜放在左右一侧；斜放后的腿跟地面呈 45° 夹角，叠放在上面的腿的脚尖垂向地面。

④双腿斜放式。适合穿裙子的女士在较低的位置就座时的坐姿。要求

双腿首先并拢，然后双脚向左或向右侧斜放，力求使斜放后的腿部与地面呈 45° 夹角。

⑤双脚交叉式。适用于各种场合，男女都适用。双膝先要并拢，然后双脚在踝部交叉。需要注意的是，交叉后的双脚可以内收，也可以斜放，但不要向前方远远地直伸出去。

⑥双脚内收式。适合在一般场合，男女都适用。要求两条大腿先并拢，双膝略微打开，两条小腿稍许分开后向内侧屈回，双脚脚掌着地。

⑦前伸后屈式。这是女性适用的一种坐姿。要求大腿并紧后向前伸出一条腿，并将另一条腿屈后，两脚脚掌着地，双脚前后要保持在一条直线上。

（2）上身姿势

坐好后，上身的姿势也很重要。

①头部端正。不要在别人面前就座时出现仰头、歪头、扭头等情况。整个头部应如同一条直线，与地面垂直。

②躯干直立。一般坐满椅面的三分之二。在工作中需要就座时，通常不把上身完全倚靠座椅的背部，可能的话，最好一点都不倚靠。跟客人交谈时，为表示重视，不仅要面向对方，而且要把整个上身朝向对方。

③手的摆放。通常可以把手放在大腿上，既可以双手放在两条大腿上，也可以双手叠放或相握后放在大腿上。

④欠身致意。坐着的时候，如果有人为你介绍或遇到熟人，可以欠身致意，上半身稍向前倾，不一定低头，面带微笑，注视对方；欠身时只需稍微起立，不必站立。

（3）女士坐姿

轻稳走到座位前，缓慢转身后，右脚向后退半步，用手理裙，轻缓入座，并把右脚与左脚并齐，坐满凳子的三分之二。常见坐姿有：

①标准式。小腿垂直于地面，两脚并拢。

②侧点式。两小腿向左斜出，双膝并拢，两脚前脚掌着地。

③前交叉式。左脚置于右脚上，在两踝关节处交叉，两脚尖着地。

④后点式。两小腿后屈，脚尖着地，双膝并拢。

⑤曲直式。右脚前伸，左小腿收回，大腿靠紧，两脚前脚掌着地，两脚前后在一条直线上。

⑥侧挂式。在侧点式坐姿的基础上，左小腿后屈，脚绷直。脚掌内侧着地，右脚提起，用脚面贴住左踝，膝与小腿并拢。

⑦重叠式。在标准式坐姿的基础上，一条腿提起，腿窝落在另一条腿的膝关节上，上面的腿向里收，贴住另一条腿的小腿处，脚尖向下。

（4）男士坐姿

轻稳走到座位前，缓慢转身后，右脚向后退半步，轻稳坐下。常见坐姿有：

①标准式。双腿自然弯曲，小腿垂直于地面，两腿分开与肩同宽，两脚平行朝前，双手分别放在两膝上。

②前伸式。左脚向前伸半脚，脚尖不要翘起。

③前交叉式。两小腿前伸，双腿在踝关节处交叉。

④交叉后点式。两脚交叉，小腿向后屈回，脚掌撑地。

⑤曲直式。右脚前伸，左小腿屈回，前脚掌着地。

⑥重叠式。一条腿垂直于地面，另一条腿提起并向里收，脚尖朝下。

4. 坐姿的注意事项

（1）坐时不可前倾后仰或歪歪扭扭。

（2）双腿不可过于叉开或长长地伸出。

（3）不要高架“二郎腿”或“4”字形腿。

（4）不要将大腿并拢，小腿分开，或双手放于臀部下面。

（5）坐下后不要随意挪动椅子。

（6）腿、脚不停抖动。

（7）与人谈话时不要用手支着下巴。

（8）双手不要放在两腿中间或抱腿。

（9）脚尖不要指向他人，脚不要蹬踏它物。

（10）不要把脚放在茶几或椅子扶手上。

5. 入座其他要求

（1）在别人之后入座。

（2）注意离座先后顺序。

（3）与别人交谈时，为表示重视，应面向对方，同时把整个上身朝向对方。

四、蹲姿

蹲姿是人处于静态时的一种特殊体位，常用的蹲姿有：

1. 高低式

这种姿势的基本特征是下蹲后双膝一高一低。要求蹲下之后，左脚在前，小腿基本垂直于地面；右脚脚尖着地，脚跟提起。右膝低于左膝。臂部向下，用右腿支撑身体。女士要两腿并拢，男士可适当分开。

2. 交叉式

这种姿势适用于女士，它的基本特征是下蹲后双腿交叉在一起。交叉式的具体要求是：下蹲时右脚在前，左脚在后；右小腿垂直于地面，全脚着地；右腿在上，左腿在下，两者交叉重叠；左膝从后下方伸向右膝，左脚跟抬起，并以脚尖着地；两腿前后靠近，合力支撑身体；上身微微前倾，臂部朝下。

五、手势

古罗马政治学家西塞罗曾说：“一切心理活动都伴有指手画脚的动作。手势恰如人体的一种语言，这种语言甚至连野蛮人都能理解。”手势是指人们在运用手臂时所采用的具体动作与姿势，它是一种极其复杂的符号。服务工作中恰当地运用手势，可以增强感情表达，起到良好的沟通作用，也会使自己的形象更完美。

1. 常用的手势

（1）“请”的手势

五指伸直并拢，掌心斜向上方，手掌与地面成45°角，腕关节伸直，手与前臂形成直线，整个手臂略弯曲，弯曲弧度以140°为宜，注意整个手臂不能完全伸直，也不可呈90°角。做动作时，应以肘关节为轴，上臂带动前臂，由体侧自下而上将手臂抬起，身体稍微前倾，头略往手势方向倾斜。面向客人，面带微笑。其主要有三种形式：

①横摆式。手臂向外侧横向摆动，指尖指向被引导或指示的方向，适用于指示方向。礼貌用语："您这边请！"

②屈臂式。手臂弯曲，由体侧向体前摆动，手臂高度在胸部以下，适用于请人进门。礼貌用语："您请进！"

③斜臂式。手臂由上向下斜伸摆动，适用于请人入座。礼貌用语："您请坐！""请注意脚下路滑！"

（2）指示方向的手势

掌心向上，五指伸直并拢，腕关节伸直，手与前臂呈一直线，整个手臂略弯曲，以肘关节为轴，上臂带动前臂，手臂自下而上抬起，上体略微前倾，面带微笑，眼睛看着所指目标方向，并兼顾客人是否看清或意会到目标。

（3）介绍的手势

介绍他人：掌心向上，五指伸直并拢，手与前臂呈一直线，以肘关节为轴，整个手臂略弯曲，手指向被介绍人，面带微笑，目视被介绍人，并兼顾客人。注意介绍的礼节：晚、长辈，男士与女士，客人与主人，晚到与先到的客人。

介绍自己：右手五指伸直并拢，用手掌轻按自己的左胸，显得端庄大方。

（4）握手的手势

单手握：施礼者应距受礼者约一步之距，两脚立正或展开呈八字步站立，上体稍前倾，目视对方，伸出右手，四指并拢，拇指张开，手掌与地面垂直，肘关节微屈抬至腰部，与对方右手相握，并上下抖动，以示亲近。

双手握：同时伸出双手，握住对方右手。

（5）鼓掌

两臂抬起，张开左掌，用合拢的右手四指（拇指除外）轻拍左掌中部，节奏要平稳，频率要一致。鼓掌时，姿态要端正，并伴以微笑。

（6）举手致意的手势

掌心朝向对方，面带微笑，目视对方。

（7）举手告别的手势

举起右手向客人摆手，此时应注意掌心要朝向客人。身体站立，目视对方，手臂前伸，掌心向外，左右挥动。

2. 运用手势时的注意事项

（1）使用规范性手势。使用手势要符合国际规范、国情规范、大众规范和服务规范，这样才不致于引起误解。

（2）注意区域的差异。不同国家、地区、民族，由于文化习俗不同，手势的含义也有很多差别，甚至同一个手势的含义也不相同。

（3）手势宜少不宜多。多余的手势会给人留下装腔作势、缺乏涵养的印象。

（4）注意手势的力度和幅度。使用手势时应注意力度适中，动作幅度不宜过大，更不可手舞足蹈。手势幅度应服从内容、对象及场合的需要。

手势是无声的语言。在人类交际中，人们都会借助各种手势表达自己的思想和感情。但是，手势有时也可能给人带来误解和麻烦。在不同的国家，由于历史传统及文化背景不同，手势的含义也有所不同，甚至意义相反。如大家熟知的“O”形手势，在英语里是“OK”的意思，有着“高兴”“佩服”“顺利”等含义，在法语中却代表“零”或“没有”，在日本、东南亚一些国家则代表“金钱”的意思，而在巴西竟然代表“肛门”的意思。又如，有些地方“交叉两指”表示祝朋友好运，可是在有些地方，说不定你的朋友会因这个手势与你翻脸，因为这个手势恰恰表示绝交。

手势作为一种语言，其目的是用以交际，因此，也具有民族特性和社会特性。当前国际交往日益频繁，了解不同国家、不同种族常用手势语言的正确含义是十分必要的。然而，并不是所有人都能够将手势运用得恰到好处。在日常生活中，由于种种原因，有些人的手势非常不雅；还有些人因为不懂得手势代表的含义，从而弄巧成拙，引起不必要的误会。

3. 使用手势时应遵循的原则

（1）大方得体

手势是一种传情达意的特殊方式，与说话不妥会引人反感一样，如果使用手势时不注意自己的身份或谈话内容，一味地模仿他人或矫揉造作、扭扭捏捏，不仅妨碍双方的有效沟通，还会给他人留下缺乏教养的印象。

（2）准确无误

由于手势是一种无声的语言，其内容包罗万象，因此，哪怕是细微的变化也会改变手势的含义。在使用手势时，应尽量做到准确无误，并避免使用过于复杂的手势，以免造成沟通障碍或引起他人误解。

（3）入乡随俗

在面对不同人群时，应做到看人、依地使用手势，以免引起不必要的麻烦。

另外，除了掌握以上手势要领外，还应该了解一些手势禁忌。如边讲话边打响指、勾手指招呼别人、一边说话一边抓耳挠腮、对他人指指点点等，不仅会被视为没有素质、没有礼貌，而且容易招致反感，甚至引起不必要的麻烦。

六、表情达意

表情是指人的面部情态，是眼、眉毛、嘴巴、面部肌肉，以及它们综合反映出来的心理活动和情感信息。人的表情是复杂的，能够传达非常丰富的信息。恰如其分的表情会为你的仪态加分，而在面部表情中，最能给人留下深刻印象的莫过于眼神和微笑。

美国心理学家艾伯特·梅拉比安把人的感情表达效果总结成一个公式：情感的表达 = 语言（7%）+ 声音（38%）+ 表情（55%）。可见，表情是内心世界的直接流露，是内心世界变化的外在体现。达尔文曾经说过：“表情动作的发生是与情绪变化相联系的。”表情所传达的无声的感情信息比任何生动的语言更加微妙。

1. 微笑

有这样一句名言："如果你不漂亮，就要使自己有才华；如果你既不漂亮，又没有才华，你就要学会微笑！"微笑是交往活动中最富有吸引力、最有价值的面部表情。微笑是人们对某种事物给予肯定后的内在心路历程，也是人们对美好事物表达愉快情感的心灵外露和积极情绪的展现。岗位上保持微笑，说明热爱本职工作，乐于恪尽职守。真正富有感染力的微笑应发自内心，渗透着自己的情感，表里如一，毫无包装或矫饰之感。

微笑时要做到"三结合"，即与眼睛结合、与语言结合、与身体结合。

（1）与眼睛结合

当你微笑的时候，你的眼睛也要"微笑"，否则给人的感觉是"皮笑肉不笑"。眼睛会说话，也会笑。眼睛的笑容有两种：一种是"眼形笑"，另一种是"眼神笑"。

可以这样练习：取一张厚纸遮住眼睛下边部位，对着镜子，心里想着最令人高兴的情景，你的整个面部就会露出自然的微笑，这时，你眼睛周围的肌肉也处于微笑状态，这是"眼形笑"。然后放松面部肌肉，嘴唇也恢复原样，可目光中仍然含笑脉脉，这就是"眼神笑"的境界。学会用眼神与客人交流，这样你的微笑才会更传神、更亲切。

（2）与语言结合

微笑着说"早上好""您好""欢迎光临"等礼貌用语，不要光笑不说，或光说不笑。

（3）与身体结合

微笑要与正确的身体语言、礼仪动作相结合，才会相得益彰，给人以最佳印象。要防止生硬、虚伪的笑。

对客运服务人员而言，微笑是一种最有效的社会润滑剂。微笑可以感染客户，可以创造一种和谐融洽的气氛，让服务对象倍感愉快和温暖。微笑激发热情，同时传递这样的信息："见到你很高兴，我愿意为你服务。"微笑使人轻松愉悦、思维活跃，从而能够创造性地解决客户的问题。

微笑训练可以采取以下方式：

（1）笑容中的嘴角

微笑从嘴角开始。当与对方有着大于等于握手的距离（50厘米）时，作为人的本能，视线最先注意到的是有动感的嘴角。笑容的基本形态是嘴角向上，避免“八字形”。大脑生理学的研究证明：嘴角向上，大脑就会感到愉快，而且会真的高兴起来。所以，越是压力大和紧张的时候，越要咧开你的嘴角，嘴角向上，心情就会变得积极、乐观，笑容会很自然。

其次是露出牙齿，传递微笑的感情。露出牙齿等于表露感情，是打开心扉的信号。

（2）笑容中的眼角

微笑时要有目光的接触。与对方距离在50厘米以内，视线就会落在眼睛上，这是一个可以分享感情的距离。目光相视，是认可对方的一个表现，同时也是自我的展示。在人与人的关系中，这两点是非常重要的。

眼神的接触只要0.5秒就可以了，与对方的目光相遇，不要马上移开，停留0.5秒。这种确认的感觉非常重要，否则很难把笑容传递给对方。

能够有目光交流的人更容易产生共鸣。说话的时候，有目光接触，边听边点头附和，听的一方和说的一方之间自然会产生一种良性互动。另外，“眼睛是心灵的窗户”，瞳孔大了，心也就敞开了。通常情况下，人们在感动和高兴的时候，瞳孔会变大；心情烦躁的时候，瞳孔会变小。

2. 目光

著名心理学家弗洛伊德说过：“即使你不说话，你的眼睛也会多嘴多舌。”眼睛是展现魅力表情的关键部位，最能准确表达人的感情和内心；眼神反映人的性格和内心动向，具有反映深层心理的特殊功能。可以说，目光是仪态的灵魂。

目光接触，是人际交往最能传神的非语言交往。在交往中，通过目光的交流可以促进双方的沟通，目光的方向、眼球的转动、眨眼的频率都可以表示特定的意思和流露情感。正视表示尊重，斜视表示轻蔑，双目炯炯会使听者精神振奋。柔和、热诚的目光会流露出对别人的热情、赞许、鼓励和喜爱，目光东移西转会让人感觉心不在焉。交往中，适当的目光接触可以表达彼此关注。因此，在人际交往中，不能忽视眼神的作用，平时应注意培养自己用眼睛“说话”的能力。

正确运用目光传达信息、塑造专业形象，要遵循以下规律：

（1）PAC 规律

P（Parent），指用家长式的、教训人的目光与人交流，视线从上到下打量对方，试图找出差错。

A（Adult），指用成人的眼光与人交流，互相之间的关系是平等的，视线从上到下。

C（Children），一般是小孩的眼光，目光向上，表示请求或撒娇。

作为服务人员，应运用成人的视线与人交流，要准确定位。

（2）三角定律

根据交流对象与你关系的亲疏、距离的远近来选择目光停留或注视的区域。有一个口诀是：“生客看大三角，熟客看倒三角，不生不熟看小三角。”与不熟悉的顾客打招呼时，眼睛要看着他面部的小三角，即以下巴为底线、额头为顶点的小三角形；与很熟悉的顾客打招呼时，眼睛要看着他面部的倒三角形，即眼睛为底线、鼻子为顶点的倒三角形。

（3）时间规律

每次目光接触的时间不要超过 3 秒。交流过程中用 60% ~ 70% 的时间与对方进行目光交流是最适宜的。少于 60%，说明你对对方的话题、谈话内容不感兴趣；多于 70%，则表示你对对方本人的兴趣要多于他所说的话。

项目理论作业

1. 仪态礼仪的基本要求是什么？

2. 规范的站姿、坐姿、蹲姿是什么？

项目实作训练

1. 训练目的

通过训练提高学生的仪态美。

2. 训练要求

学会正确规范的站姿、坐姿、蹲姿等，改正不良的习惯。

3. 任务实施

根据实训要求，分组练习，掌握仪态礼仪标准。

4. 教学评价

项目二	铁路旅客运输服务人员日常礼仪	
任务 2	仪态礼仪	
考核内容	分值	考核得分
1. 演练过程中学生的认真态度与团队精神	10	
2. 站姿	30	
3. 坐姿、蹲姿	20	
4. 手势	10	
5. 表情	20	
6. 整体效果	10	
总体得分		
教师简要评语： 教师签字：		

任务3 语言礼仪

情景导入

古人说："良言一句三冬暖，恶语伤人六月寒。"可见择言选语是何等的重要。令人"三冬"暖，重在语言含义上。鲁迅说："语言有三美，意美在感心，音美在感观，形美在感目。"可见语言谈吐是何等的重要。令人"三感"美，贵在语言的表述上。望你的每句话都能使人心暖"三冬"，情感"三美"。

语言是人类表达思想、交流感情、沟通信息的特有工具。在日常工作生活中，铁路客运服务人员不仅需要具备一定的语言文字使用能力，而且必须以此作为最重要的交际工具。

一、语言沟通礼仪的基本要求

1. 态度诚恳亲切，措辞谦逊文雅

尊重是礼仪的本质特征。在交谈中，应坚持礼貌、尊重、真诚、友善，态度亲切、诚恳，推心置腹，缩短人与人之间的心理距离，营造互相信赖的良好交流氛围。措辞要谦逊文雅，对他人多用敬语、敬辞，对自己用谦语、谦辞，即外敬内谦。只有由衷地、真诚地尊重他人，才能在语气上表现出恭敬之情。

2. 遣词用句准确得体

俗话说："会说的，说得人笑；不会说的，说得人跳。"一样的话，用不同的表达方式所产生的效果是不一样的。善于表达的人能够把自己的意思、情感恰如其分地表达出来，往往事半功倍；不善于表达的人，话一说出口就有可能引来许多不必要的麻烦，想办的事情也无法办好。要使遣词

用句准确得体，需注意以下三点：一是杜绝不当省略，二是避免词不达意，三是注意语言的逻辑结构。

3. 称呼问候礼貌适宜

称呼是彼此的关系定位。人际关系，礼貌在先；与人交谈，称呼在先。尊敬、亲切、文雅的称呼可使双方感情融洽，缩短彼此之间的距离。称呼对方要遵循先上级后下级、先长辈后晚辈、先女士后男士、先疏后亲的顺序进行。

4. 吐字发音清晰正确

在日常语言沟通中，只有发准每个字、词的读音，交际活动才能正常进行下去；否则就可能造成歧义，甚至误解，影响表达效果。

5. 语气语调亲切自然

首先，讲话时声音不宜过高，让人听清即可。明朗、低沉、愉快的语调最吸引人，降低声音比声嘶力竭地喊出来更让人感到舒适。其次，讲话时要依据实际情况来调整语速的快慢，速度不要过快，应尽可能地娓娓道来，给人留下稳健的印象，也给自己留下思考的余地。

6. 不要忽视无声语言

恰当地运用体态礼仪（无声语言），可以准确地表达自己所要表达的意思。

二、语言沟通的技巧

1. 扬长避短

与精明的人交谈时，要思路广博、多方论证、抓住重点、辨析事理，避免纠缠一点不放；与有魄力的人交谈时，要表现出果敢的一面；与富有的人交谈时，要从人生意义、社会价值等方面切入；与地位高的人交谈时，不要表现出自卑；与地位低的人交谈时，应表现出充分的尊重。总之，针对不同的对象，要用不同的策略去沟通。

2. 目光的注视与面带微笑

与人沟通时，要表情自然，态度和蔼亲切，目光注视得体，语言优美。一个面带真诚、善良微笑的人，谁都愿意接近他，会收获许多朋友。在洽谈、磋商、谈判等场合，注视位置可在对方双眼或双眼与额头之间的区域；在社交场合，注视位置可在对方鼻翼到双眼之间的三角区域；如果是亲人、恋人之间的交谈，注视位置可在双眼到胸之间。

3. 手势的运用与举止有礼

交谈时可适当做些手势，但动作不可过大，更不要手舞足蹈，切忌唾沫四溅。与客人交谈时，不要看书、看报、看文件，或面带倦容，不断地打哈欠，不要将手抱在胸前或跷着二郎腿并不停地抖动，也不要总看表或做出伸懒腰、活动手腕、双手插兜等漫不经心、傲慢无礼的动作。

4. 情绪的控制与一视同仁

在工作中，即使心情非常烦躁，也要面带微笑地接待旅客，热情地回答旅客提出的问题。谈话现场超过三个人时，应不时地与所有人攀谈几句，不要只与一两个人交谈，也不要只谈个别人知道的事而冷落其他人。参与别人谈话时，要先打招呼。别人在单独谈话时，不要凑前旁听。第三者参与谈话，应以握手、点头或微笑表示欢迎。谈话中突然有别的事要处理或要离开时，应向对方打招呼，表示歉意。

5. 话题的选择与回避隐私

当不熟悉对方的性格、爱好和品性，又受时间限制时，可就地取材，按照当时的环境寻找话题。当对方与自己身份、职业不同时，可向对方了解一些他熟悉的、感兴趣的话题，从而引起对方交谈的兴趣。

6. 气氛的调节与善于倾听

交谈时，不仅要“见什么人说什么话”，还要因地、因情而异，即“到什么山上唱什么歌”。交谈时，不仅要善于说话，还要善于倾听。在倾听时，要表现得大方、自然、诚恳、精神集中，耐心地让对方把话说完，并不

（4）着装应整洁，不准披衣敞怀、挽袖、卷裤腿，不准在安检制服外罩便衣及戴围巾。

（5）男安检员不准留长发、胡须、大鬓角；女安检员不得披发过肩，不准戴奇异饰物，不准染发、涂指甲油。

（6）不可着工作服或带有安检标志的服装进出与工作无关的场所，特别是娱乐场所；不得将自己的工作证件和服装借于他人。

2. 文明执勤制度

（1）执勤前不吃有异味的食品，不喝酒；执勤期间不吸烟，不吃零食，不嬉笑打闹，不在工作区域玩手机。

（2）尊重旅客风俗习惯，对旅客的穿着打扮不取笑、不评头论足、遇事不围观。

（3）态度和蔼，动作规范，不得推拉旅客，做到打不还手，骂不还口。

（4）使用安全检查文明执勤用语，不说服务忌语。

（5）爱护旅客行李物品，检查时轻拿轻放，不乱翻、乱扔，检查完后主动协助旅客整理好被检物品。

（6）按规章办事，做到不急、不燥，耐心解释问题，不得借故训斥刁难旅客。

二、安检工作流程

安检工作的流程：分流—引导—机检—门检—贴身检—开包检查—处置。

手检应坚持以下原则：女可检男，男不检女；不堵、不挤、不吵、不漏检；客流高峰重点人员细致检查，客流少时人人细致检查（有特别要求除外）。

发生突发紧急情况时保持沉着冷静，迅速报告车站的工作人员、警察、安检现场的指挥人员，并有序疏导旅客至安全区域，做到不拥堵、不踩踏、不漏检。安检人员在任何情况下都要与现场车站人员、值班警察保持沟通，听从统一指挥。

在发现危险品后，应及时通知处置民警将其带至处置地点进行进一步检查；在发现爆炸可疑物品时，应迅速疏散现场旅客，报告警察和车站值班人员，协助开展现场的封锁控制工作。

1. 引导人员工作操作规范

（1）在持有手持金属探测仪时，手检员应呈立正姿势站立，右手持金属探测仪，左手示意旅客停下，指向手检位置向旅客明示“请拿好行李，接受进一步检查”。

（2）将待检查者引导到手检台前，请其放下行李，将随身物品放入待查区内，并对区内物品及人员进行检查。

2. 手检人员工作操作规范

（1）对安全门、手持仪器身体报警部位，要认真判断并进行触摸式的检查。

（2）对人身进行检查时，应按先正面、后背面的顺序进行。先站在被检者右侧，检查正面：右手持检查仪，从被检者腹部中央顺时针方向，左侧肩颈、左腋下、左腰下、右腰下、右腋下、右侧肩颈、裆部、双腿、膝部、小腿、踝关节、双脚面。然后请被检者转身，检查背部，检查程序同上。

3. 值机人员工作操作规范

（1）值机员进入工作岗位后，首先要检查仪器状况，发现情况及时报告值班组长和现场警长，以及车站工作人员。

（2）查危仪器需要保养时，应及时通知相关维修部门进行维护保养。

（3）检查工作台和仪器的卫生状况，除去所有杂物，不能摆放与工作无关的物品，如茶杯、杂志、报纸、化妆包等。

（4）值机人员在操作查危仪器时，应当与 X 光安全检查仪或右侧的屏幕正前方保持 1 米以上距离，并保持标准坐姿（正确的坐姿是身体坐在椅子的三分之二处，上身保持正直，两手自然放在仪器操作台上，男员工双腿平行，并分开与肩同宽；胸部自然挺直，立腰收腹，肩平头正，目光平视，女员工双腿并拢，斜放或平直放）。

值机人员应认真观察视屏，分析影像，及时发现危险（违禁）品。发现可疑物品时，应立即示意手检人员进行开包检查，并要求旅客进行复检或示意手检员开包查验。

（5）值机人员不可跷二郎腿、脱鞋，不得听音乐、玩手机、聊天、抽烟、吃零食、敞胸露怀。女同志不得穿高跟鞋、拖鞋、涂指甲，男同志不得留胡须、长发、染发等。

（6）在值机过程中，严禁违规使用和操作仪器；随时注意仪器状况，每次客流高峰期前都应检查仪器是否正常工作。

（7）值机员应由取得安检仪值机资格的人员轮流担任，原则上不超过1小时应进行一次轮换。

（8）熟悉安检仪器性能和操作规范，严格按使用说明操作安检仪器设备，定期清洁保养。

（9）认真观察视频，分析影像，及时发现危险、违禁物品；如发现可疑物品，应立即示意手检员进行开包检查。

（10）在值班过程中，如果需要暂时离开岗位，需报告带班班长及值班警长，安排有值机能力的人员替换，做到不脱岗，保证安检质量。

（11）每一班交班时应提醒下一班本班上未处理的事项，交代相关领导一些指示精神与工作要求，并写好交接班记录，在双方签字认可的情况下方可交班。

4. 开包人员工作操作规范

（1）开包检查。旅客行李过机后，值机员认为需要进一步检查的，应实行开包检查。开包检查应在处置台上进行。

（2）手检员对旅客身体进行安全检查后，再引导旅客拿好行李并指向手检台，向旅客明示“请拿好行李，接受进一步安全检查”。

（3）手检员将待检者引到手检台前，请其将行李放在处置台上，由旅客自行开包接受检查。旅客拒绝开包的，可在见证人的见证下由手检员进行，也可交由公安民警进行。

（4）开包检查发现可疑物品的，交处置民警处理；未发现可疑物品的，请旅客自行装好物品后离开，并说声“谢谢配合”。

二、安检服务常见问题的处理（表 3-1）

表 3-1 安检服务常见问题及处理思路

安检常见问题	问题处理思路
乘客携带超长、超重物品	（1）耐心向旅客解释："对不起，按有关规定，携带超长、超重、超宽和宠物等物品不能进站乘车，谢谢合作"。如需要，向乘客出示相关规定（旅客须知） （2）如遇到态度强硬、固执的旅客，首先让旅客了解他的情况很难处理，如旅客认为东西太重，不愿意出站，可以寻求同事帮助旅客 （3）如旅客坚持，则可要求警方协助
乘客包内有违禁品	（1）把包拿到一边进行详细检查，避免当着所有旅客的面检查包内违禁品，让旅客感到难堪 （2）耐心向旅客解释："对不起，按照铁路有关规定，携带易燃易爆物品不得进站，谢谢合作"。如需要，向乘客出示相关规定（旅客须知） （3）如遇到态度强硬、固执的旅客，可以寻求值班员处理，必要时与警察联系
出现客流高峰	（1）委婉提醒旅客加快速度，并提醒后一位旅客做好准备，避免出现拥挤忙乱现象 （2）如果旅客过多，可以采用手持检测仪进行检查，以加快安检的速度

知识链接

根据国务院颁布的《铁路安全管理条例》等国家法律、行政法规、规章等规定，为维护铁路公共安全，确保广大旅客安全旅行，现将铁路进站乘车禁止和限制携带物品公布如下：

一、请勿携带以下器具：匕首、三棱刀（包括机械加工用的三棱刮刀）、带有自锁装置的弹簧刀以及其他类似的单刃、双刃刀等管制刀具；管制刀具以外的，可能危及旅客人身安全的菜刀、餐刀、屠宰刀、斧子等利器、钝器；警棍、催泪器、催泪枪、电击器、电击枪、防卫器、弓、弩等其他器具。

二、请勿携带以下易燃易爆物品：氢气、甲烷、乙烷、丁烷、天然气、乙烯、丙烯、乙炔（溶于介质的）、一氧化碳、液化石油气、氟利昂、氧气（供病人吸氧的袋装医用氧气除外）、水煤气等压缩气体和液化气体；汽油、煤油、柴油、苯、乙醇（酒精）、丙酮、乙醚、油漆、稀料、松香油及含易燃溶剂的制品等易燃液体；红磷、闪光粉、固体酒精、赛璐珞、发泡剂H等易燃固体；黄磷、白磷、硝化纤维（含胶片）、油纸及其制品等自燃物品；金属钾、钠、锂、碳化钙（电石）、镁铝粉等遇湿易燃物品；高锰酸钾、氯酸钾、过氧化钠、过氧化钾、过氧化铅、过氧乙酸、双氧水（过氧化氢）等氧化剂和有机过氧化物。

三、请勿携带以下剧毒性、腐蚀性、放射性、传染性、危险性物品：氰化物、砒霜、硒粉、苯酚等剧毒化学品以及毒鼠强等剧毒农药（含灭鼠药、杀虫药）；硫酸、盐酸、硝酸、氢氧化钠、氢氧化钾、蓄电池（含氢氧化钾固体、注有酸液或碱液的）、汞（水银）等腐蚀性物品；放射性同位素等放射性物品；乙肝病毒、炭疽杆菌、结核杆菌、艾滋病病毒等传染病病原体；《铁路危险货物品名表》所列除上述物品以外的其他危险物品以及不能判明性质可能具有危险性的物品。

四、请勿携带以下危害列车运行安全或公共卫生的物品：可能干扰列车信号的强磁化物，有强烈刺激性气味的物品，有恶臭等异味的物品，活动物（导盲犬除外），可能妨碍公共卫生的物品，能够损坏或者污染车站、列车服务设施、设备、备品的物品。

五、限量携带以下物品：不超过20毫升的指甲油、去光剂、染发剂；不超过120毫升的冷烫精、摩丝、发胶、杀虫剂、空气清新剂等自喷压力容器；安全火柴2小盒；普通打火机2个。

六、其他禁止和限制旅客携带物品按照国家法律、行政法规、规章规定办理。

七、违规携带上述物品，依照国家法律法规的规定处理。

·小贴士·

什么是“二次安检”？二次安检，即旅客在持票进入火车站前，行李、人身等需要先经过固定安检仪的检查。旅客进入候车厅时，安检员再对其人身、物品进行第二次安检，严防危险品、违禁品被带上车。

平安出行、方便出行、温馨出行，既是铁路的工作目标，也是广大旅客的殷切希望。人们应正确看待安检，理解安检，从而自觉配合安检，让我们早一刻来到火车站，多一分耐心等候，用文明行为来接受看似烦琐的安检，用更多的理解和文明的行为来换取安全出行。

项目理论作业

1. 铁路车站安检员岗位规范是什么？
2. 铁路旅客运输车站安检员的服务工作流程是什么？

项目实作训练

1. 训练目的

通过训练提高学生的动手能力和团队精神。

2. 训练要求

熟练掌握安检员的服务工作流程。

3. 任务实施

演练车站安检人员在进候车室前的服务工作流程。

4. 教学评价

项目三	铁路旅客运输车站服务工作	
任务 1	进站安检服务	
考核内容	分值	考核得分
1. 演练过程中学生的认真态度与团队精神	10	
2. 服装及仪容仪表	10	
3. 安检设备的正确操作方法	10	
4. 安检工作的正确流程	10	
5. 安检服务常见问题应急处理	50	
6. 整体效果	10	
总体得分		
教师简要评语： 教师签字：		

任务 2 候车室服务

情景导入

西安火车站北站房无障碍设施彰显人性化服务

2021 年 6 月 3 日，西安新城区残联无障碍督导体验小组对西安火车站北站房购票、进站、上车、出站等无障碍设施建设情况进行体验发现，站房设计方面充分考虑了残疾人士等特殊人群的出行需求，站内无障碍设施较为齐全。

体验人员发现，从丹凤门广场到进站口，地面上铺设有平滑的花岗岩，残疾人轮椅可以顺畅通行；站内有无障碍电梯、重点旅客候车室和第三卫生间，残疾人上下楼、候车休息、如厕等都比较方便。“发现残疾人旅客进出站，我们都会安排专人提供服务，及时引导旅客搭乘电梯、上下火车，直至顺利出站。”西安火车站客运科副主任刘菲说：“我们会用贴心周到的服务，让残疾人旅客和残疾人运动员充分感受‘西安温度’。”目前，西安火车站北站房设有无障碍售票窗口 1 个、无障碍直梯 10 部、无障碍卫生间 2 个，站台上配套有盲道，站内有重点旅客候车区等相关设施设备和服务措施；丹凤门广场枢纽区设有无障碍电梯 11 部，无障碍卫生间 4 个，无障碍停车位 20 个，均设在残疾人最方便到达的区域，彰显人性化服务。

随着生活质量的改善，人们对出行的要求也不断提高。铁路旅客运输设备要提供舒适、安全、便捷条件，工作人员的服务质量更是一个城市的“窗口”代表。

一、客运员从业资格

1. 具备高中（职高、中专）及以上文化程度，身体健康，五官端正，听力及辨色能力正常，动作协调性好。

2. 经过岗前安全、技术业务培训，合格后发岗位培训合格证和健康证。每年进行业务知识、安全知识、应急处置、服务礼仪等内容的培训。

3. 熟练使用本岗位相关客运设备设施，熟知本岗位业务知识、职责和标准。有获取、领会和理解外界信息以及对事物进行分析和判断的能力；有较好的语言（普通话）沟通能力。掌握本岗位应急预案内容、作业流程，定期参加应急演练，具备应对突发事件的能力。

二、客运员岗位职责

1. 认真贯彻执行上级命令、指示和规章制度。

2. 做好实名制查验及查缉一体化工作，加强严禁携带危险品的宣传和旅行常识介绍。

3. 根据客流情况，及时增减验票、检票、出站通道，组织好进站、候车、乘降及出站旅客秩序，防止因拥挤发生踩踏事件。

4. 按规定程序立岗迎送列车，对责任区域内的安全状态进行检查。

5. 列车进站前和开车铃响后，应组织接送旅客的人员退到安全线以内，并观察责任区域内的安全情况，防止旅客钻车、扒车、跳车，杜绝人员伤亡。

6. 负责协助客运值班员处理旅客投诉，向旅客宣传解释铁路规章制度。

7. 严格落实“首问首诉”责任制，为候车、购票过程中遇到困难的旅客提供帮助，主动向旅客介绍车站服务设施和项目。

8. 负责为旅客提供助行服务和车站特色服务项目，为重点旅客提供亲情服务。

9. 补票室客运人员做好票据请领、点收、保管工作，以及现金交接制度，做到账票、账款相符，装票据、现金的抽屉和保险柜必须执行离人加锁制度。

10. 按规定时间及时上交票款，交款时必须两人同行，确保安全。

11. 加强宣传引导，巡视客运设施设备运行状况，发现问题及时上报。

12. 熟练使用客运设施设备、消防器材，熟悉周边疏散环境。

13. 认真交接班，巡视责任区内环境卫生。

14. 熟悉非正常情况下的应急处理办法及职责，遇突发情况及时向客运值班员汇报并做好应急处置。

15. 按时完成上级交办的其他工作。

三、客运安全标准

1. 安全制度健全有效，安全管理职责明确，能满足安全生产需要。有旅客候车、乘降、进出站、行包保管和装卸安全的防范措施，各类应急预案有效。

2. 安全设备配置齐全到位，作用良好。

3. 站区实行封闭式管理，旅客进出站乘降有序，站内无闲杂人员，进出站通道流线清晰，有管理措施。

4. 安全使用电源，无违规使用电源、电器。

5. 工作人员均通过生产作业、消防、电器、电气化、卫生防疫、劳动人身安全等安全培训，特定岗位工作人员按规定通过相应岗位安全培训。安全培训有计划、有记载、有考核。

6. 发生旅客人身伤害、突发疾病或接受列车移交的伤、病人员时，及时联系医疗机构；造成旅客死亡或涉及违法犯罪的，及时报告（通知）公安机关。

四、车站客运员仪容标准

1. 仪容整洁，上岗着装统一，干净整洁。

2. 头发干净整齐、颜色自然，不理奇异发型，不剃光头。男性两鬓角不得超过耳垂底部，后部不长于衬衣领，不遮盖眉毛、耳朵，不烫发，不留胡须；女性发不过肩，刘海长不遮眉，短发不短于 7 厘米。

3. 面部、双手保持清洁，指甲修剪整齐，长度不超过指尖 2 毫米，身体外露部位无文身。女性淡妆上岗，保持妆容美观，不浓妆艳抹，不染彩色指甲。

4. 换装统一，衣扣拉链整齐。着裙装时，丝袜统一，无破损。系领带时，衬衣束在裙子或裤子内。外露的皮带为黑色。佩戴的外露饰物款式简洁，限手表一只、戒指一枚，女性还可佩戴发夹、发箍或头花及一副直径不超过 3 毫米的耳钉。不歪戴帽子，不挽袖子和卷裤脚，不敞胸露怀，不赤足穿鞋，不穿尖头鞋、拖鞋、露趾鞋，鞋跟高度不超过 3.5 厘米，跟径不小于

3.5 厘米。

5. 佩戴职务标志（售票员除外），胸章牌（长方形职务标志）戴于左胸口袋上方正中，下边沿距口袋 1 厘米处（无口袋的戴于相应位置），包含单位、姓名、职务、工号等内容。菱形臂章佩戴在上衣左袖肩下四指处。按规定应佩戴制式帽子的，在执行任务时戴制式帽子，帽徽在制式帽子折沿上方正中。

五、行为举止规范

1. 表情自然，态度和蔼，用语文明，举止得体，庄重大方。

2. 使用普通话，表达准确，口齿清晰。服务语言表达规范、准确，使用“请、您好、谢谢、对不起、再见”等文明用语。对旅客、货主称呼恰当，统称为“旅客们”“旅客朋友”，单独称为“先生、女士、小朋友、同志”等。

3. 旅客问询时，面向旅客站立（售票员、封闭式问讯处工作人员办理业务时除外），目视旅客，有问必答，回答准确，解释耐心。遇有失误时，向旅客表示歉意。对旅客的配合与支持应表示感谢。

4. 坐立、行走姿态端正，步伐适中，轻重适宜。在旅客多的地方先示意后通行；与旅客走对面时，主动让路，面向旅客侧身让行，不与旅客抢行。列队出（退）勤时，按规定线路行走，步伐一致。多人行走时，两人成排，三人成列。

5. 迎送列车时，足踏安全线，不侵入安全线外，面向列车方向目迎目送，从列车进入站台开始，开出站台为止。办理交接时行举手礼，右手五指并拢平展，向内上方举手至帽檐右侧边沿，大臂水平抬起，与小臂形成 45°角。

6. 清理卫生时，清扫工具不触碰旅客及携带物品。挪动旅客物品时，应征得旅客同意。需要踩踏座席时，应戴鞋套或使用垫布。占用洗手间洗漱时，礼让旅客。

7. 不高声喧哗、嬉笑打闹、勾肩搭背，不在旅客面前吃食物、吸烟、剔牙和出现其他不文明、不礼貌的动作，不对旅客评头论足，接班前和工作中不食用有异味的食品。

六、微笑标准

1. 面部表情和蔼可亲，自然露出 6 ~ 8 颗牙齿，嘴角微微上翘。

2. 工作场合不应开怀大笑，与旅客、货主面对面时，保持 3 米微笑原则。

七、设备配置

1. 各岗点均配置对讲机、电话等联系设备，用于日常工作联系。设备状态保持良好，及时充电。

2. 实名制验证口配置实名制查验及查缉一体化查验电脑、二代身份证识读器、二维条码扫描仪等设备。

3. 各岗点设备要妥善保管、定置摆放。

八、岗位作业流程

1. 班前准备

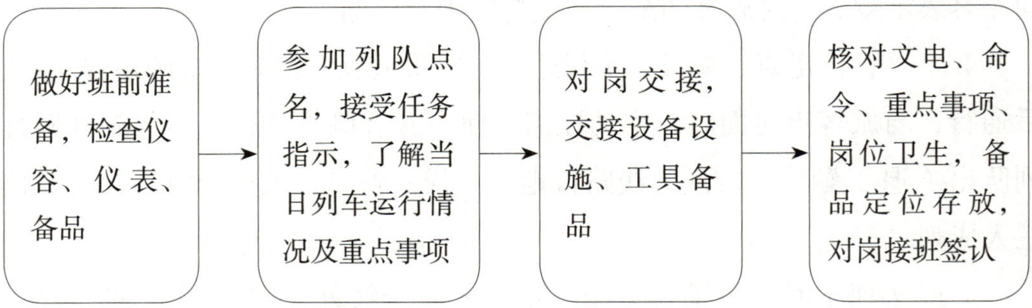

2. 班中作业

（1）进站口作业流程

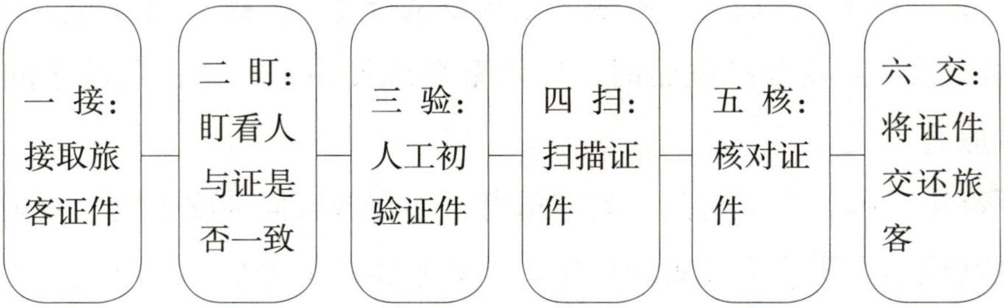

（2）候车室作业流程

巡视候车室，了解旅客需求及服务设备设施情况，重点旅客重点照顾 — 调整候车室座椅，组织旅客有序候车、排队检票 — 核对检票信息，做到先重点、后团体、再一般 — 停止检票前，通告候车室，无漏乘；停止检票时，关闭检票口，通知候车室和站台 — 落实信息上报。重要信息不漏报，不错报

（3）班后交班

做好交班准备，保证卫生达标，整理备品及须承办的重要事项 — 收集汇总重要信息和重要事项，填写工作日志 — 参加班后总结会，汇报本班工作，听取值班员总结本班工作

九、客运员岗位工作服务标准

1. 班前准备

作业内容	作业标准
整理仪容	按规定着装，佩戴标识
班前点名	到指定位置参加早点名，听从客运值班员工作安排，接受规章试问
对岗交接	做到对岗交接、卫生达标、备品齐全、定置摆放

2. 班中作业

（1）进站口客运员岗位工作服务作业标准

作业内容	作业标准
宣传引导	主动宣传，提前提醒旅客准备好身份证、车票以备查验，维护进站口秩序
进站查验	按照实名制验票规定查验车票，确认“票、证、人”一致，同时负责查缉一体化工作
劝阻引导	对票、证、人不一致或未携带有效身份证件原件的旅客，不允许进站乘车。引导旅客办理临时身份证明
引导候车	引导持有效车票的旅客按照划分的候车区域有序候车
服务质量	解答旅客问询，落实首问首诉负责制，做好重点旅客服务和交接
应急处置	通过查缉一体化设备发现可疑人物，及时通知公安进行处置

• 小贴士 •

进站乘车规定

1. 使用中华人民共和国居民身份证、港澳居民居住证、台湾居民居住证、外国人永久居留身份证、港澳居民来往内地通行证、台湾居民来往大陆通行证等可识读证件（以下简称可自动识读证件）购买铁路电子客票的旅客，凭购票时所使用的有效身份证件原件，可通过实名制核验、检票闸机自助完成实名制验证、进出站检票手续。

使用其他证件购买铁路电子客票的旅客，凭购票时所使用的有效身份证件原件，通过人工通道完成实名制验证、进出站检票手续。

2. 持儿童票的旅客乘车时，须凭购票时所使用的本人或同行成年人的有效身份证件原件，通过人工通道办理实名制验证、进出站检票手续。

3. 在 12306 网站注册用户且通过铁路 12306 手机 App 完成人脸身份核验的旅客，购买铁路电子客票后可凭铁路 12306 手机 App 生成的动态二维码，通过车站自动检票闸机办理进、出站检票手续。

4. 自动检票闸机、车站手持移动和半自助检票终端在识读旅客身份证件时所做的检票记录，分别作为铁路旅客运输合同运送期间的起、止时间。

注意：目前，在铁路售票窗口购买实名制车票时，儿童票不实行实名制。在 12306 网站购买儿童票时，儿童有有效身份证件的，可添加为乘车人，儿童没有有效身份证件的，可以使用同行成年人身份信息（姓名、证件类型、证件号码均为同一成年人）购票。

旅客携带品由自己负责看管。每人免费携带品的重量和体积是：儿童（含免费儿童）10 千克，外交人员 35 千克，其他旅客 20 千克。每件物品外部尺寸长、宽、高之和不超过 160 厘米，杆状物品不超过 200 厘米。但乘坐动车组列车的，物品应不超过 130 厘米，重量不超过 20 千克。

残疾人旅行时的代步折叠式轮椅可免费携带并不计入上述范围。

（2）候车室客运员岗位工作服务作业标准

作业内容	作业标准
引导候车	按照候车室分区要求，引导旅客到相应候车区域候车
巡视检查	加强巡视检查，对可疑人员配合公安、安检开展车票及行李物品查验
服务旅客	坚持流动服务，照顾重点，对重点旅客做到“三知三有”
服务质量	首问首诉，解答旅客问询，受理旅客投诉；不能解答时，及时向客运值班员汇报，做好宣传解释
检票作业	组织旅客列队检票，维护检票秩序。检票前确认旅客车票信息
应急处置	发生紧急情况时，及时汇报，并将旅客疏散至安全位置

3. 退班作业

作业内容	作业标准
退班准备	检查本岗位设备备品、台账资料、卫生保洁质量、物品定置管理等情况
办理交接	与接班人员办理交接，交清重点事项、资料台账、设备备品、文电命令、列车正晚点情况及岗位卫生等。填写交班簿，并由接班人员签字确认
参加退班会	向客运值班员汇报本岗位工作情况及重点事项，听取客运值班员对当日工作的总结

案例分析

案例：发生行车设备故障时，旅客正准备检票进站。

处理：①车站值班领导组织客运职工及公安干警赶赴现场，了解原因、时间、影响车次；②对正准备检票进站的旅客，加强广播宣传；③疏散候检旅客；④引导改签退票；⑤设备恢复，以最快的速度组织旅客检票进站；⑥列车正常运行。

知识链接

济南西站是京沪高铁五大始发终到站之一，连通石济高铁、济青高铁，以及胶济客运专线，是济南地区乃至整个山东省铁路网络的交通枢纽。

济南西站于2009年7月开工建设，2011年6月30日正式开通运营。其建筑设计体现了山东省的地域特色和文化特色，整个站房具有传统木式结构建筑风格，吸取了中国古建筑中橱窗特点，站房顶棚呈波浪形曲面。车站总建筑面积约10万平方米，共分为地上3层和地下2层。其中地下第2层为地铁层，已接驳济南地铁1号线，即将接驳M1线和M3线等济南城市轨道交通线路。

济南西站共设8台17线，其中正线2条、到发线15条，日开行列车最高达362列，覆盖全国25个省、自治区和直辖市。车站周边地铁、公交、出租车，以及长途汽车等各交通系统配套齐全，是现代化的大型综合交通枢纽。

依托“高铁儒行”服务品牌，济南西站陆续推出了商务候车区、母婴候车区、军人候车区、休闲候车区、商旅服务中心等服务专区，涵盖普通旅客及特需旅客等各个旅客层次。设立了客服中心、关切中心、换乘中心等服务阵地，拓展了站长热线、新浪官方微博等服务渠道，组建了“善辉善行”服务队，为广大旅客提供热情、周到的高铁乘车服务。

项目理论作业

1. 铁路客运安全标准是什么？
2. 简述进站口客运员岗位工作服务作业标准。
3. 简述候车室客运员岗位工作服务作业标准。

项目实作训练

1. 训练目的

通过分组模拟现场场景训练，提高学生理论联系实际的能力，熟练完成候车室客运员服务工作。

2. 训练要求

分组演练，模拟进站检票、候车服务过程。

3. 任务实施

演练车站客运员在候车室服务的工作流程。

4. 教学评价

项目三	铁路旅客运输车站服务工作	
任务 2	候车室服务	
考核内容	分值	考核得分
1. 演练过程中学生的认真态度与团队精神	10	
2. 班前准备工作	10	
3. 自动检票机的正确操作方法	10	
4. 检票、候车服务工作的流程	10	
5. 候车室服务常见问题应急处理	50	
6. 整体效果	10	
总体得分		
教师简要评语： 教师签字：		

任务 3 站台服务

一、客运员站台服务作业基本要求

按规定时间上岗，巡视站台设备设施，发现影响旅客乘降安全的问题及时处理并上报；在规定位置接发车，做好宣传引导工作，防止旅客积压；引导旅客在站台安全线内安全乘降，组织旅客按车厢位置等候列车，保证旅客安全、快速、有序地上下车。

二、客运员（站台）岗位作业流程与质量标准

1. 班前准备

“参加点名会”“列队上岗”的作业流程和质量标准分别同客运员（候车室）岗位作业流程与质量标准中的相应规定一致。

此外，对岗交接方面的作业流程和质量标准如下：

（1）作业流程

①交班：对岗交班，相互敬礼，交清列车运行、安全设备、站内秩序、重点旅客的情况。

②接班：接清列车运行、安全设备、站容、列车秩序及承办的事项。

（2）质量标准

①交班：停检前不得进行交接班。交接班时做到“六不交”，即列车运行情况不清不交、环境卫生不达到标准不交、重点旅客情况不明不交、应处理问题未处理不交、设备备品丢损责任不清不交、一次作业未完不交。

②接班：对岗交接时，挺胸、收腹，两脚跟并拢，脚尖略分开，双手自然下垂。交接做到“六不接”，即列车运行情况不清不接、环境卫生不达到标准不接、重点旅客情况不明不接、应处理问题未处理不接、设备备品丢损责任不清不接、一次作业未完不接。有检票作业时，必须将该车作业组织完毕，开车后进行对岗交接。

2. 班中工作

（1）提前出场

①作业流程。提前出场，做好接车准备。

②质量标准。对始发列车提前20分钟到岗，对到达列车提前10分钟到岗。检查线路、接触网、时钟、电子显示屏及扶梯、直梯运行等情况，站台面有无障碍物、积冰、积水等影响安全的隐患。

（2）接车作业

①作业流程。在列车到达前，站台客运员利用电台通知出站口客运员

做好准备；列车进入站台，端头客运员用电台通知综控室出站口客运员列车到达。

同一站台面同时接车时，以列车运行侧为重点，认真做好安全防护。

②质量标准。到达列车进站前，客运员在指定位置站立，于盲道里侧、面向来车方向立岗接车，当列车接近立岗位置时，转身面向列车，待列车停稳后，引导旅客出站。

一侧有列车进站（开车）、另一侧有列车进行乘降组织作业时，客运员应加强宣传，引导旅客从另一侧通行，防止旅客侵入安全线而发生意外事故。

（3）站车交接

①作业流程。按照客运值班员的安排，主动与列车长办理业务事项交接，对交接事项进行妥善处理。

②质量标准。做到重点事项交接清楚、无遗漏，落实站车交接签字制度。

（4）乘降组织

①作业流程。组织旅客有序乘降，对重点旅客进行帮扶，引导旅客经指定通道有序出站。

②质量标准。组织旅客按进、出站流线有序乘降。认真做好站车交接工作，签字确认，对重点旅客重点照顾，对重点事项妥善处理。

（5）发车作业

①作业流程。组织送站人员退回安全线以内，防止旅客侵入安全线，做好本责任区安全防控工作，重点防控扶梯、直梯、地道口。内勤检票口客运员通知停检后，站台客运员打铃。响铃后，站台客运员按岗位站到安全线内，做好发车准备。

②质量标准。站台客运员通知列车长上水作业完毕。对站台进行巡视，保证责任区各项作业完毕。由列车长确认是否具备发车条件。做到安全宣传到位，重点部位防控有效，送车位置合理、姿态端正。防止责任区内送站人员侵越线路。

（6）列车退场

①作业流程。列车出站后，清理站台闲杂人员，引导送站旅客出站，列车开出站台后退场。

②质量标准。做到车开站台清，退场时姿态端正、列队有序。

3. 班后总结

（1）作业流程。开展自我讲评，听取值班主任（值班员）的班工作总结。

（2）质量标准。讲究实事求是，将成绩讲清，对问题不隐瞒，吸取经验教训，不断改进工作。

三、工作注意事项

客运员（站台）在工作中要注意以下事项：

（1）对列车运行情况掌握准确，组织旅客有序乘降，与各岗位密切配合，为旅客正常乘降提供有效保障。

（2）严格按规定时间出场，对站台、线路、扶梯、台阶等处重点巡视，核对显示屏内容，及时清除障碍物，保证运输安全。

（3）做好站台巡视、防护工作，防止旅客从站台两端进、出站。在旅客乘降完毕后及时清理站台，保证无滞留人员。

（4）对重点列车重点组织，对突发情况及时上报，妥善处理。

四、站台客运员班中作业标准

表 3–2 为某站台客运员班中作业标准。

表 3–2 站台客运员班中作业标准

作业内容	作业标准
接车准备	列车闭门前 5 分钟，检查站台、股道有无障碍物，地道、站台有无闲杂人员，查看设备设施运行状态
接送列车	在规定地点立岗，足踏白线，面向列车，目迎目送，以列车进入站台开始至驶出站台为止

续表

作业内容	作业标准
乘降组织	加强乘车安全宣传；需组织旅客在站台候乘时，组织旅客按站台地面车厢位置标志在安全线内排队；列车停稳后组织旅客有序乘降，确保秩序良好，旅客不对流
站车交接	引导和组织旅客有秩序上下车，组织下车旅客从出站口出站，确保乘降秩序良好
清理站台	列车开出后及时清站，引导在站台上、地道内逗留的旅客及时出站。列车开出站后撤岗

案例分析

发生行车设备故障时，列车还未进站，旅客在站台候乘，则应进行如下处理：①车站值班领导组织客运职工及公安干警赶赴现场，了解晚点原因、时间、影响车次；②对在站台候乘的旅客，加强广播宣传；③做好安抚解释；④加强站台巡视；⑤设备恢复，按车厢地标组织站台候车旅客上车；⑥列车正常运行。

注意事项：如遇设备故障暂时不能排除，为防止旅客在站台等候过久引起不满，在候车室划定一个区域，将旅客按车厢依次组织返回候车室等候。

项目理论作业

1. 画出客运员（站台）岗位作业程序图。

2. 客运员（站台）交班作业时应做到“六不交”，这“六不交”是指什么？

3. 客运员（站台）接班作业时应做到“六不接”，这“六不接”是指什么？

4. 简述客运员（站台）接车作业的流程。

5. 简述客运员（站台）岗位工作的注意事项。

项目实作训练

1. 训练目的

通过分组模拟现场各场景训练，熟练完成站台客运员服务工作。

2. 训练要求

分组演练，模拟站台接送开车、组织旅客乘降服务过程。

3. 任务实施

演练客运员在站台服务工作流程。

4. 教学评价

项目三	铁路旅客运输车站服务工作	
任务 3	站台服务	
考核内容	分值	考核得分
1. 演练过程中学生的认真态度与团队精神	10	
2. 班前准备工作	10	
3. 站台接送列车工作	10	
4. 站台组织旅客乘降服务工作的流程	10	
5. 站台服务常见问题应急处理	50	
6. 整体效果	10	
总体得分		
教师简要评语： 教师签字：		

任务 4 出站服务

情景导入

“有困难，找‘冰凌花’！”这已经成为许多到过哈尔滨西站旅客的心声。以“魅力哈西，服务永恒”为理念的“冰凌花服务台”，自 2012 年 12 月 1 日创建以来，积极探索服务旅客的新举措、新方法，推出问询、旅行指南、重点旅客服务等 23 项措施。这个年轻的服务团队把“语言美一点、声音暖一点、度量大一点、脾气小一点、热情多一点、服务全一点、行动快一点、效率高一点、工作细一点、质量好一点”作为服务标准，用优质服务扮靓北国高铁窗口，让八方来客踏上温暖回家路。

一、客运员（出站口）岗位规范

按规定时间上岗，巡视出站口设备设施，发现影响旅客出站安全的问题及时处理并上报；在人工检票口验票，对无票人员、违章乘车旅客及违章携带品按章补费，保证旅客安全、快速、有序地出站。

1. 班前准备

“参加点名会”“列队上岗”的作业流程和质量标准分别同客运员（候车室）岗位作业流程与质量标准中的相应规定一致。

对岗交接方面的作业流程和质量标准如下：

（1）作业流程。

①对岗交班，相互敬礼。

②交清设备设施、职场卫生、重点旅客、安全风险、票据现金、列车运行等情况，以及电报命令及重点事项。

（2）质量标准。同客运员（站台）岗位作业流程与质量标准中相应规定。

2. 班中作业

（1）提前出场

①作业流程。对出站检票闸机、楼梯、扶梯、电子显示屏、引导标识等进行检查。

②质量标准。提前出场，发现异常情况及时上报，妥善处理。

（2）出站组织

①作业流程。验票出站：维护出站秩序，宣传、引导旅客使用检票闸机，根据客流情况增开检票通道，在人工检票口核对车票及其他凭证，防止无票人员、违章乘车旅客尾随出站。对无票人员、违章乘车旅客及违章携带品按章补费。

②质量标准。宣传用语规范，出站组织有序，通道不堵不乱，无逆向进站。正确补票补费，票款收付准确，账款与票据相符，确保票款、票据安全。

（3）重点组织

①按专运、军运、重点运输工作要求，听从上级指挥，到达指定岗位。

②对施工、调图等重点作业加强组织，实时监控。

（4）应急处置

①作业流程。遇非正常情况，启动相关应急处置预案及处置规范，按照职责分工做好应急处置工作。

②质量标准。信息通报及时准确；应急处置预案启动及时，处理妥善。

（5）结账交款

①作业流程。结账交班：按规定时间结账交班。核对票账：核对票据、现金。填写票据：填写票据、报表，加盖印章。上缴进款：将运输进款、“客杂”收据上缴售票室。

②质量标准。现金清点正确，准确输入金额。票据、账款相符，账目

齐全。账表填写正确，字迹清楚，印鉴齐全。当面清点票据、账款并及时上缴，由专人护送，严禁代交。

（6）对岗交接

①作业流程。列队离岗：交清设备设施、职场卫生、重点旅客、安全风险、票据现金、列车运行等情况，以及电报命令及重点事项。

②质量标准：姿态端正，列队有序。

3. 班后总结

（1）对列车运行情况掌握准确，组织旅客有序出站，与各岗位密切配合，为旅客正常出站提供有效保障。

（2）严格按规定时间出场，对出站检票闸机、卷帘门等处重点巡视，核对显示屏内容，及时清除障碍物，保证运输安全。

（3）对重点列车重点组织，将突发情况及时上报并妥善处理。

二、客运员（出站口）岗位职责

1. 执行标准化作业和各项规章制度，遵守劳动纪律。

2. 掌握本岗位应知应会及非正常情况下的应急处置流程，正确处理本岗位的突发情况。

3. 负责检查出站口通道、设施设备、到达列车显示等，组织旅客验票、安全有序出站。

4. 负责区域内闲杂人员的清理，做好旅客出站宣传工作，维持出站口秩序。

5. 认真做好出站旅客车票查验工作。

6. 执行首问首诉负责制，解答旅客问讯，帮助旅客解困。

7. 维护区域卫生，督促保洁工作，爱护设备及办公用品，落实定置管理。

8. 负责处理本岗位的突发事件。

9. 完成值班员布置的各项任务。

三、主要安全风险提示

1. 客运组织风险

（1）未根据到达客流情况及时加开出站通道。

（2）未严格执行“只出不进”的规定，导致未经安检的闲杂人员进站。

（3）开车前后未落实清站制度。

2. 劳动安全风险

（1）未清理通道，拥堵时挤伤立岗验证的作业人员。

（2）站外人员强行冲站，作业人员现场阻止过程中易与其发生冲突。

四、应急处置流程

1. 火灾、爆炸事故应急处置流程

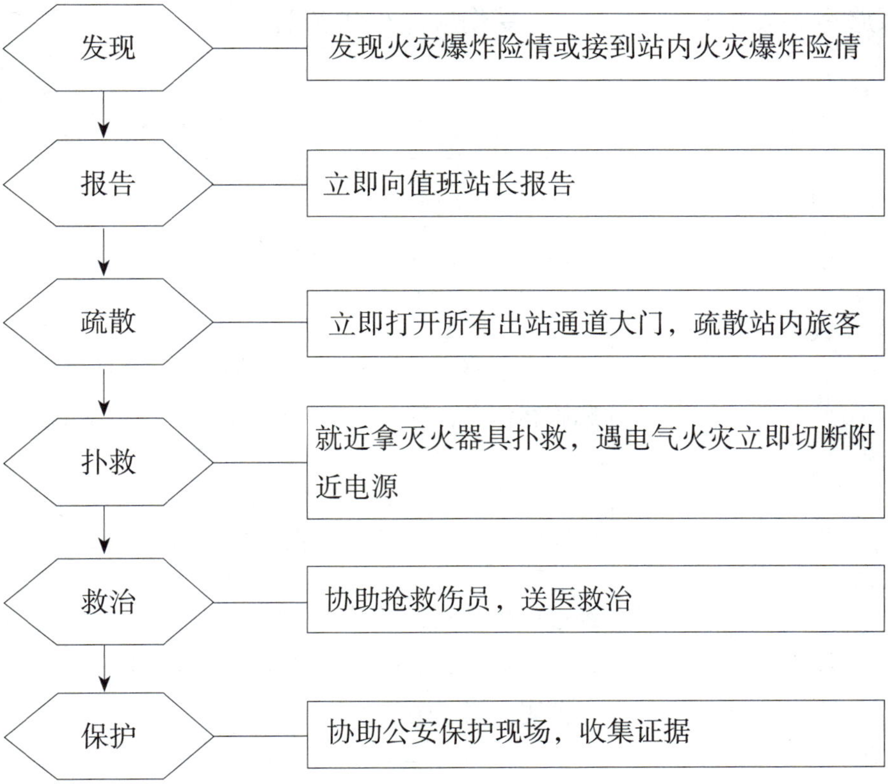

2. 列车集中到达，出站通道堵塞应急处置流程

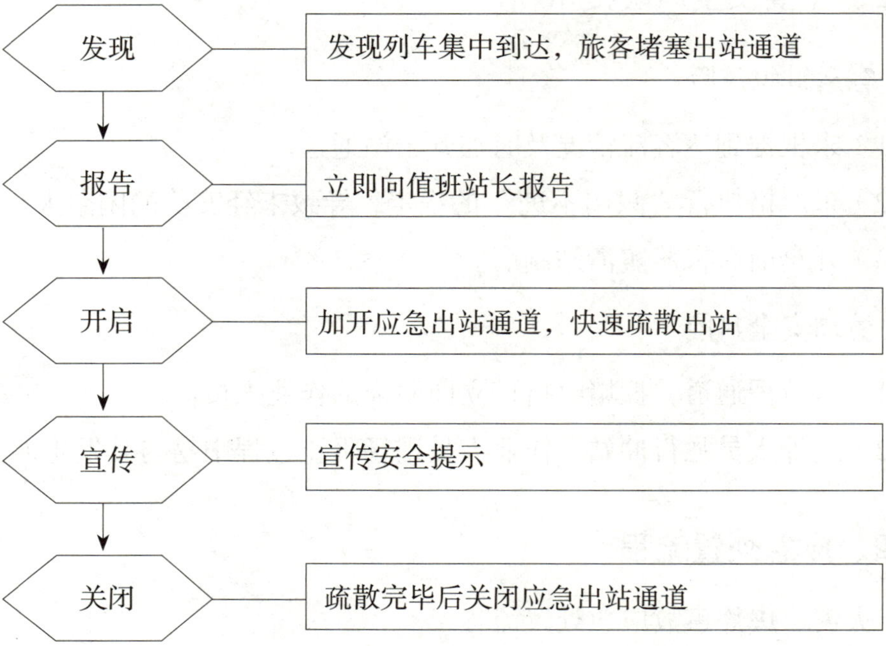

3. 旅客突发疾病（死亡）、受伤应急处置流程

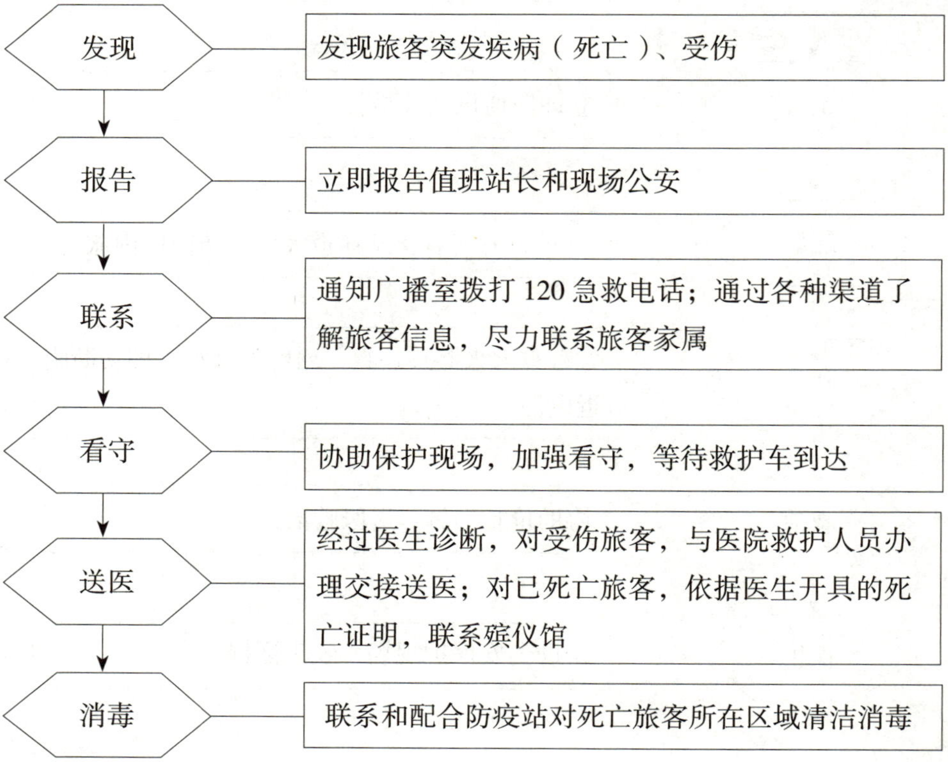

五、出站口客运员作业标准

作业内容	作业标准
巡视设备	巡视客运设备设施、到达显示屏等设备运行情况，发现问题及时汇报
引导出站	疏导出站旅客，维护出站秩序，保持出站通道畅通
查补车票	按规定验票，对无票及持减价凭证不符的旅客正确补票，按时上交票款
监督卫生	监督所辖区域内的卫生情况，督促保洁人员随脏随扫
服务重点	引导重点旅客安全出站，指引旅客出站换乘

项目理论作业

1. 简述出站口客运员作业标准。
2. 简述列车集中到达，出站通道堵塞，出站口客运员应急处置流程。
3. 简述客运员（出站口）岗位职责。

项目实作训练

1. 训练目的

通过模拟现场各场景训练，熟练完成出站口客运员服务工作。

2. 训练要求

分组演练，模拟出站口客运员组织旅客出站服务过程。

3. 任务实施

演练客运员出站口服务工作流程。

4. 教学评价

项目三	铁路旅客运输车站服务工作	
任务 4	出站服务	
考核内容	分值	考核得分
1. 演练过程中学生的认真态度与团队精神	10	
2. 班前准备工作	10	
3. 巡视设备，引导出站工作	10	
4. 查补车票服务工作	10	
5. 常见问题应急处理	50	
6. 整体效果	10	
总体得分		
教师简要评语： 教师签字：		

任务 5 售票服务

一、售票员岗位职责

1. 售票员

（1）及时传达上级命令、指示，布置各项重点工作，做好班前抽问。

（2）合理安排售票窗口，随时掌握客流情况，及时调整窗口功能，宣传引导旅客购票，校对显示屏和公告内容。

（3）检查各窗口标准化作业执行情况，检查督促各岗位作息时间。

（4）检查售票工作间及售票窗口设备设施，监督、检查责任区域的卫生情况。

（5）负责作业区域突发情况应急处理，受理旅客投诉。

（6）加强班组管理，按标准及时填写各种资料、台账。

2. 进款员

（1）严格执行运输收入进款管理各项制度。

（2）收款时坚持执行窗口收缴和签认制度。

（3）认真清点解缴进款包，按时与银行办理交接。

（4）与银行工作人员一起做好数款工作，严格交接制度，按时分发缴款袋。

（5）及时正确登记日志，做到一日一清，确保总账与运营账相符。

（6）做好备用金的盘点交接签认工作，及时向银行提报零钞需求量，并提前准备好当班售票员所需备用金及零钞。定期盘点备用金的数量。

（7）进出金库随时关门，备用金必须全部存放进保险柜并加密保管，严禁闲杂人员进入金库内。

（8）爱护设备及办公用品，维护好进款室环境卫生，不存放私人物品。下班后锁好保险柜和防盗门。

二、岗位作业流程

1. 售票员

（1）班前作业

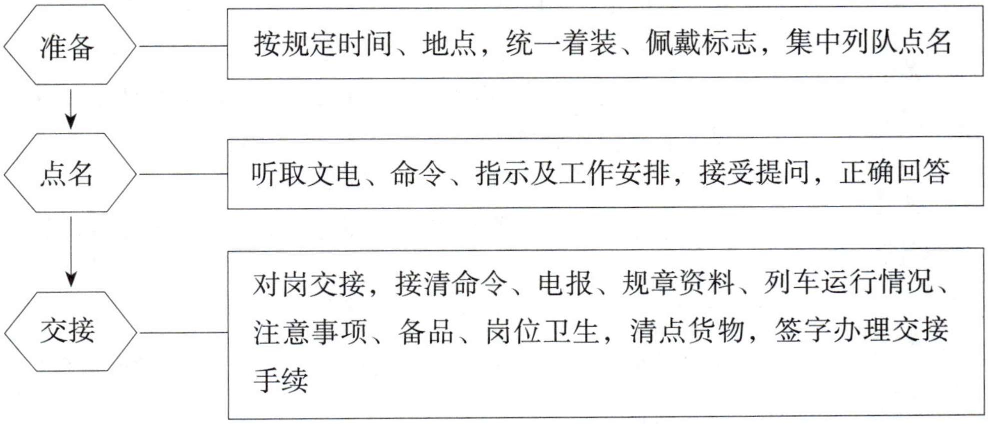

（2）班中作业

①售票作业流程

步骤	作业内容
一问	问清车站、日期、车次、座别、张数、经由，并告诉旅客是否停车
二输	输入旅客购票要求，告诉旅客应收票款
三收	收取票款，确定币面，摊平复点复唱，将票款放于桌面上，输入实收款数，按制票键制票（也可扫码支付）
四取	取出打印好的软纸票，取出找零款，复核票面、张数及找零款（也可不打印纸票）
五交	将软纸票和找零款一并递交旅客，同时报唱到站、张数、找零
六清	票款按面值放入抽屉，按键恢复售票状态

②改签作业流程

步骤	作业内容
一接	接过票证，审核原票是否有效
二问	问清旅客改签的乘车日期、车次、席别
三输	还原原票信息，确认原票信息，输入改乘的日期、车次、席别
四做	按系统提示退还或补收新旧车票票价差额，正确办理银行卡支付业务，打印软纸票
五核	核对新票票面信息；复核票价差额与新票之和是否与原票票款相符
六交	将新票及余款（银行卡、持卡人存根联消费凭条）交给旅客（也可不打印车票）

③退票作业流程

步骤	内容
一看	看票面日期、车次、发到站、票价、有效期
二输	选择退票理由，将票面信息输入计算机
三核	确认票面内容和计算机显示一致
四盖	在票面上加盖“退”字章
五交	将应退款、退票报销凭证（银行卡、持卡人存根联消费凭条）一起交给旅客

④交班作业

步骤	内容
一关	关窗停止售票
二点	清点票据、票款
三填	将售票款输入计算机内，填写解缴单
四封	封款
五交	将票款和相关票据交进款员

2. 进款员

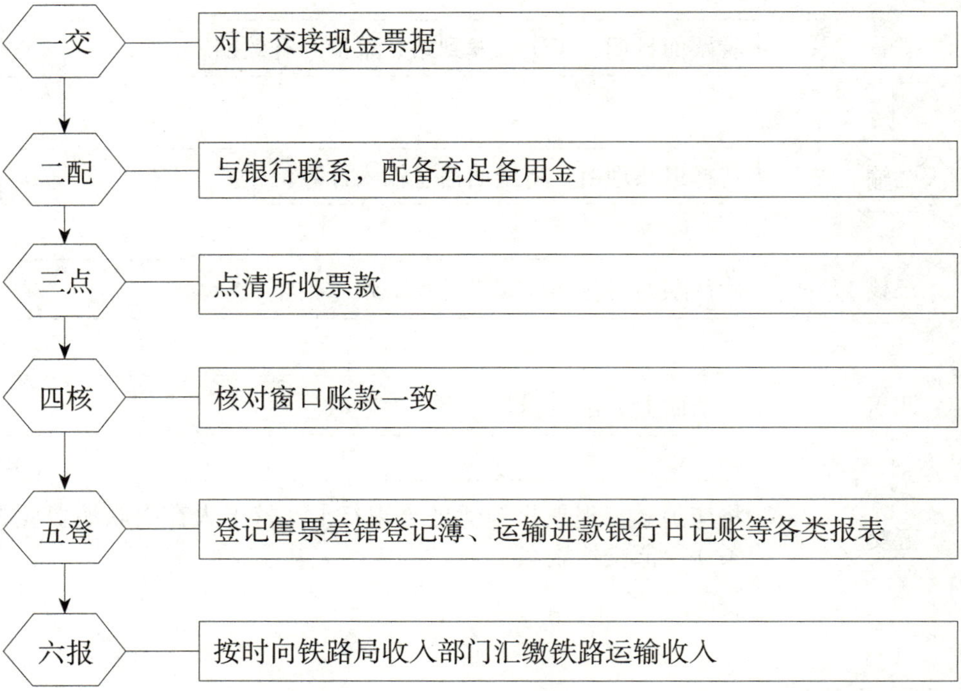

三、岗位作业标准

1. 售票员

（1）班前准备

①整理仪容：整理仪容仪表，按规定着装、佩戴标志。统一整洁、精神饱满。

②接班点名：听取当日工作指示、调度命令和重点事项，班前抽问回答正确。

③对岗交接：对岗交接、卫生达标、设备完好、备品定位。

（2）班中作业

①领取票款：领取备用金、票据，当面清点签收，按值班员安排，到指定窗口交接上岗。

②对岗交接：窗口实行零交接。卫生达标；设备完好，备品齐全，按规定定位；工作牌按规定摆放，联网 POS 机签到及时。

③按章售票：按规定执行各项售票相关业务。唱收唱付票款，笔笔清楚。

④帮扶重点：有问必答、百答不厌，有求必应、百应不烦，有难必帮、一帮到底。

⑤应急处置：熟悉非正常情况下的应急预案。发现排队旅客超过预警数时，及时联系当班值班员。

（3）退班作业

①结清账款：结清账款，清点现金、凭证、票据，现金、票据及时入袋施封。

②填写台账：按规定填写相关财收报表，检查窗口设备状态，填写交接班簿。

③退出系统：款项输入计算机后，交班退出售票系统。

④上交票款：上交票款并签字确认。

⑤对账输机：凭进款本到结账室核对账目，有废票时上交废票，按要求将票据进款相关项目录入运输收入管理系统。

2. 进款员

（1）班前准备

①整理仪容：整理仪容仪表，按规定着装，佩戴标识。统一整洁、精神饱满。

②接班点名：听取当日工作指示、调度命令和重点事项，班前抽问回答正确。

（2）班中作业

①核对进款：遵守纪律，负责客票进款的收取、核对、保管、数款和解缴，保证运输收入进款的安全、正确、完整。

②交接签认：收款时锁好防盗门，在窗口执行收缴和签认的制度；收款袋时，登记核对售票员的扎带号，当面检查扎带是否拉紧，交款本是否加盖名章，发现问题及时通知本人或当班值班员。

③认真清点：当日发生的运输收入进款必须当日存入银行，确保运输进

款的绝对安全；在办理进款交接时，进款员必须亲自将进款包点交银行工作人员，清点封包数量，经双方共同确认无误后签字确认，做到交接有记录，笔笔签认。

④账款清楚：交接班做到账款清楚。在数款室和银行数款完毕后，双方在运输进款送存银行登记簿签认，进款工作人员将窗口缴款单交运营人员，并将缴款袋按窗口分发。

⑤进款日志：汇总当日运输进款日志，做到票、账相符，字迹清楚，准确无误。

⑥备用金准备：提前向银行提报零钞需求量，根据客流情况，及时准备好所需零钞，定期盘点备用金数量。

⑦应急处置：熟悉非正常情况下的应急预案，做到及时报告，处置及时，服从安排。

（3）退班作业

①退班准备：按定置管理要求整理各种备品、台账，做好岗位卫生。

②加锁退班：检查确认票柜柜门、保险柜加锁，反锁票据库防盗门，打开防盗报警装置，妥善保管各类报表。

四、安全风险提示

1. 售票员

（1）发生票据、现金被盗。

（2）误售、误签、丢失原票等。

（3）互联网取票及电话订票取票不按规范操作。

2. 进款员

（1）签认交接制度落实不到位，信用交接。

（2）私放闲杂人员进入金库。

（3）运输进款发生丢失。

（4）未及时准备好当班所需备用金及零钞。

五、应急处置流程

1. 售票员

（1）客票发售及预订系统应急处置流程

发现	发现客票系统故障
报告	立即向值班员报告
解释	做好旅客宣传解释工作
启动	按车站要求启动应急售票程序，做好应急售票、应急改签、应急退票和应急取票等工作

（2）售票大厅发生火灾爆炸险情应急处置流程

发现	及时发现火灾爆炸险情
报告	收集相关信息并向值班员报告
疏散	疏散旅客
扑救	扑灭火情，切断电源
保护	协助公安保护现场，收集证据
解释	做好旅客宣传解释工作

（3）旅客列车大面积晚点应急处置流程

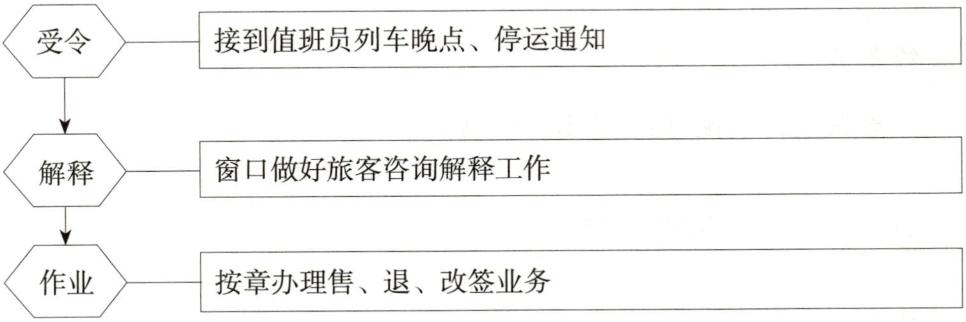

2. 进款员

遇突发情况和非正常情况，及时根据窗口调整，准备好备用金和零钞，做好增开售票窗口的准备。

反恐应急处置流程：

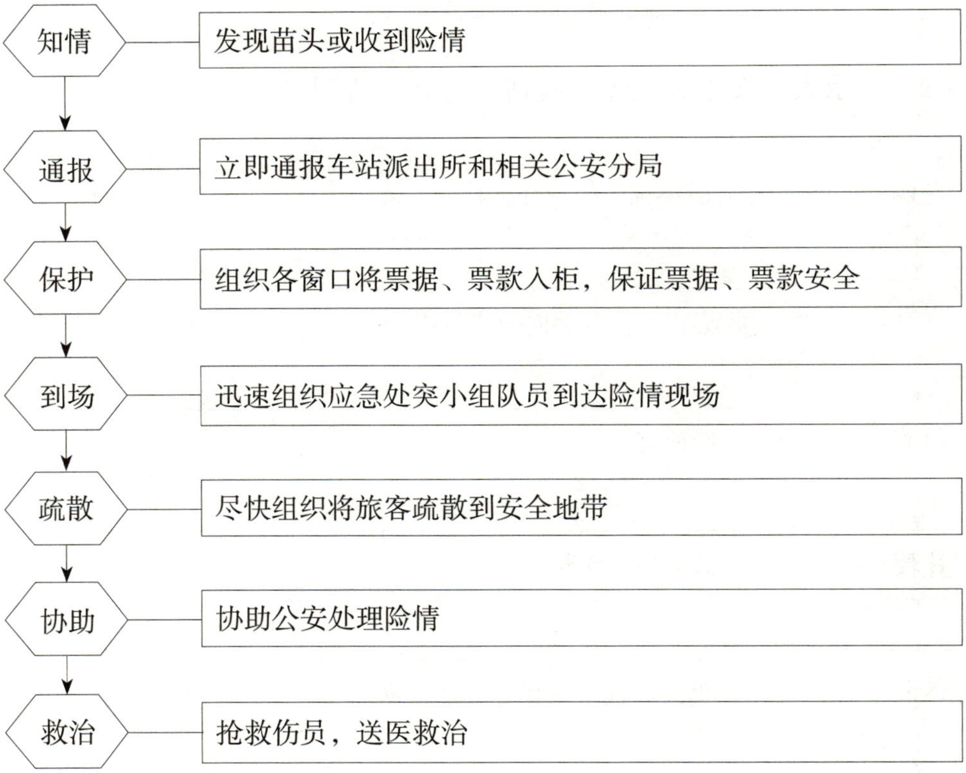

知识链接

铁路电子客票

1. 铁路电子客票定义

铁路电子客票是以电子数据形式体现的铁路旅客运输合同，与普通车票具有同等法律效力。

2. 铁路电子客票时效

在中国铁路客户服务中心网站（12306 网站）购买铁路电子客票，以确认交易成功的时间作为铁路旅客运输合同生效的时间；退票以网站确认交易成功的时间作为铁路旅客运输合同终止的时间；改签、变更到站按照购票、退票处理。

3. 铁路电子客票检验

旅客在 12306 网站购票后，应当或已经换取纸质车票的，请凭纸质车票办理进、出站检票手续。使用居民身份证购票，并且乘车站或下车站都具备居民身份证检票条件的，可以直接通过车站自动检票机识读居民身份证办理进、出站检票手续，无须换取纸质车票。

4. 铁路电子客票改签、变更到站、退票

在有运输能力的前提下，正常注册用户可在 12306 网站为“已通过”“预通过”乘车人的网上已购车票正常办理改签、变更到站，不能为“待核验”“未通过”乘车人的网上已购车票办理改签、变更到站。在 12306 网站办理铁路电子客票改签、退票手续的，请不晚于车票发站开车前 25 分钟；办理“变更到站”业务时，请不晚于车票发站开车前 48 小时。

在车站窗口办理改签、变更到站或退票时，请出具购票时所使用的乘车人居民身份证原件；居民身份证无法自动识读或使用其他有效身份证件购票的，请提供订单号码，经售票人员验证一致后按现行规定办理。

“待核验”的持外籍护照的乘车人在 12306 网站购票后，请持在 12306 网站填写的按规定可使用的有效护照（原件）到车站售票窗口办理身份信息核验；通过预核验的（身份信息核验状态变更为“预通过”），可以在车站售票窗口办理改签、变更到站、退票。

项目理论作业

1. 简述售票员岗位作业流程。
2. 简述旅客列车大面积晚点时售票员应急处置流程。
3. 简述退票作业流程。

项目实作训练

1. 训练目的

通过模拟现场各场景训练，熟练完成车站售票员服务工作。

2. 训练要求

分组演练，模拟铁路车站售票员服务过程。

3. 任务实施

演练售票员服务工作流程。

4. 教学评价

项目三	铁路旅客运输车站服务工作	
任务 5	售票服务	
考核内容	分值	考核得分
1. 演练过程学生的认真态度与团队精神	10	
2. 班前准备工作	10	
3. 铁路车站售票、退票工作	10	
4. 铁路车站窗口改签车票服务工作	10	
5. 常见问题应急处理	50	
6. 整体效果	10	

续表

项目三	铁路旅客运输车站服务工作	
任务 5	售票服务	
总体得分		
教师简要评语： 教师签字：		

任务 6 问讯处服务

情景导入

济南西站客服中心是 2012 年成立的，作为旅客服务的第一窗口，也是全站旅客服务的指挥中心，集问讯解答、失物招领、投诉受理、热线电话、官方微博、重点旅客预约接送站、应急备品服务等多种功能于一体的车站一条龙服务。

一、问讯服务作业技能

铁路车站问讯处应设在旅客比较集中的站前广场、广厅、售票厅、候车室等地，工作人员要正确、迅速、主动、热情、耐心地解答旅客提出的问题，为旅客提供电话订票、网络订票的换票、咨询服务，使旅客在购票、上车及中转换乘等方面得到便利。

问讯处的工作人员要能够使用英语为外籍旅客提供咨询服务。同时，对一些特殊的旅客可采用手语服务，真正做到“全面服务—旅客自助，以人为本—宾至如归，重点旅客—个性化服务”，优化服务作业的流程。

二、问讯服务作业内容及要求

程序	项目	作业内容	质量要求
一、准备作业	1. 班前准备	（1）按车站规定时间、地点，统一着装，参加点名 （2）听取值班员传达上级命令、指示，接受工作任务及业务提问	按规定着装，佩戴标志，仪容整洁 准时参加点名会，明确工作任务和要求，准确回答业务提问
	2. 对岗接班	（3）接清列车运行情况、设备设施、服务备品、规章资料、票据、备用金、岗位卫生 （4）对岗交接并签字交接	列车运行情况、正晚点情况清楚，设备设施完整，性能良好，规章资料、备品齐全，定位存放 票据、备用金账款相符，交接清楚，卫生符合标准
二、基本作业	3. 问讯服务	（5）面向旅客，热情接待旅客问询 （6）接听电话，解答旅客问询 （7）发售站台票 （8）定时与广播、售票、计划、行包、客运值班室联系，掌握列车运行、客运计划、售票组织、旅客乘降、行包运输和票运价等有关情况 （9）检查自动查询系统信息是否准确并处理 （10）做好规章、文电、资料的整理、修改、保管工作	有问即答，答必正确，对答有礼，态度和蔼。做到：不怠慢，不粗鲁、不急躁、不厌烦，不说“大概、可能、也许、好像、差不多、自己看”等语言 接听电话及时，铃响不得超过三声 站台票按规定发售，停售时及时对外公告 业务资料完整、齐全、整洁，修改及时正确；分册装订，定位摆放，有编号，有目录，方便查阅

续表

程序	项目	作业内容	质量要求
三、整理作业	4. 交班准备	（11）整理票据，按规定时间结账缴款 （12）整理服务备品、规章资料，认真填写交接班本 （13）进行卫生大清扫	票、款相符，无票据丢失。服务备品、规章资料齐全，存放定位。岗位卫生符合标准。做到“四不交”：列车运行情况不清不交，设备设施备品丢损责任不清不交，应处理事项未处理不交，卫生不达标不交
	5. 对岗交班	（14）对岗交接并签字确认	列车运行情况、正晚点情况清楚，设备设施完整，性能良好，规章资料、备品齐全，定位存放。票据、备用金、账款相符
	6. 参加完工会	（15）汇报本岗位工作情况 （16）听取值班员对工作的总结	参加准时，汇报实事求是

·小贴士·

自助查询可以查询以下内容：

1. 列车时刻表
2. 车次信息
3. 票价
4. 车站基础信息
5. 旅游公共信息
6. 铁路旅行常识
7. 行包托运信息
8. 旅客公告

项目理论作业

简述问讯服务作业内容及要求。

项目实作训练

1. 训练目的

通过模拟现场各场景训练，熟练完成问讯处客运服务工作。

2. 训练要求

分组演练，模拟铁路车站问讯处客运服务过程。

3. 任务实施

演练问讯处客运服务工作流程。

4. 教学评价

项目三	铁路旅客运输车站服务工作	
任务 6	问讯处服务	
考核内容	分值	考核得分
1. 演练过程学生的认真态度与团队精神	10	
2. 班前准备工作	10	
3. 铁路车站问讯服务工作	50	
4. 铁路车站问讯处交接工作	20	
5. 整体效果	10	
总体得分		
教师简要评语： 教师签字：		

项目四

铁路旅客运输列车服务工作

项目描述

铁路旅客运输列车服务工作是铁路客运部门的核心任务，也是旅客最关心的部分。规范的列车服务，不仅向旅客展示铁路员工的风采，更能展示铁路运输行业的良好形象。作为一名铁路旅客运输服务人员，应掌握必要的服务知识和技能，全心全意为旅客提供安全、准点、舒适、快捷的运输服务。

学习目标

知识目标

1. 列车乘务组的主要任务与职责范围。
2. 列车乘务组通用岗位服务标准与纪律标准。
3. 客运系统安全红线范围。
4. 列车长岗位职责与能力要求。
5. 列车员岗位职责与能力要求。
6. 餐车服务人员岗位职责。
7. 餐车饮食卫生制度。
8. 餐车经营茶座的有关规定。

技能目标

1. 列车乘务组能够在列车长的统一领导和指挥下，充分做到“三乘一体”“齐抓共管”，处理好列车上的突发事件。

2. 列车员、列车长能够利用自己掌握的业务知识和服务技能，提供让旅客满意的服务。

3. 严格执行餐车经营服务标准，为乘客提供优质的餐饮服务。

素养目标

1. 培养列车乘务组在旅客运输服务工作中全心全意为旅客服务的意识。

2. 培养列车乘务组在旅客运输服务工作中处理突发事件的能力。

任务 1 旅客列车乘务组

情景导入

旅客列车乘务组是客运部门的基层生产班组，主要由客运乘务组、检车乘务组和乘警组组成。这三个乘务组合称“三乘”，他们分别属于客运段、车辆段和公安局三个部门领导，在同一趟旅客列车上共同担当乘务工作。乘务组在列车长统一领导和指挥下，充分发挥“三乘一体”的作用，按照各司其职的职责规定，共同搞好乘务工作，做到安全、准确、便利、舒适地将旅客送达目的地，较好地完成旅客运输任务。

一、列车乘务组的主要任务

1. 车内保持整齐清洁、设备良好、温度适宜、照明充足。

2. 通告站名、组织旅客安全乘降，及时妥善安排旅客座位。

3. 对老、弱、病、残、孕等重点旅客做到重点照顾。

4. 维护车内秩序、保证安全正点。

5. 做好饮食供应工作。

• 小贴士 •

普速旅客列车：指运送旅客、行包、邮件的非动车组列车。

高速旅客列车：指由若干带动力和不带动力的车辆以固定编组组成、两端设有司机室的一组列车。

动车和高铁最大的区别：

①时速不同：高铁车次 G 字头，时速 300 ~ 350 公里 / 小时；动车车次 D 字头，时速 200 ~ 250 公里 / 小时。

②票价不同：高铁票价格一般比动车票价格高些。

③对象不同：高铁指的是高速铁路，是从速度的角度描述的铁路系统类型；动车指的是车厢有动力的列车，除车头外每节车厢都可以有动力。

二、列车乘务组的职责范围

1. 客运乘务组

（1）人员组成

客运乘务组包括列车长、列车员、列车行李员、广播员、餐饮供应人员等。

（2）职责范围

①组织旅客安全乘降，维护车厢秩序。

②查验车票和办理补票，及时通报站名和告知到发时刻。

③纠正违章，保证列车和旅客、行李包裹的运输安全。

④搞好列车饮食供应，保持车厢卫生洁净，车容整洁，文明服务，礼貌待客。

⑤爱护车内各项设备，正确使用和管理好设备、备品，严格交接。

⑥正确填写各种报表，准确、及时地办理预报，乘务终了认真填写乘务报告。

·小贴士·

查验车票的目的是保证旅客安全、准确旅行，维护铁路运输秩序和正当收入。查验车票由列车长负责，乘警和列车员协助执行。查验车票次数原则上每 400 公里一次，运行单程不足 400 公里时，每个单程应不少于一次，特殊区段可根据具体情况由列车长酌情增减。

2. 检车乘务组

（1）人员组成

检车乘务组包括检车长、检车员和车电员。

（2）职责范围

主要负责客运车辆的运行安全，运行中按规定的技术作业过程随时巡视，检查车内通风、给水、照明和空调等各项设备的技术状态，发现故障及时处理。

3. 乘警乘务组

（1）人员组成

包括乘警长和乘警。

（2）职责范围

负责协助客运乘务人员维持列车秩序，调解旅客纠纷，检查旅客是否携带危险品上车，保证旅客运输的安全。

·小贴士·

动车组的乘务组人员配备：一般情况下，一列 16 节车厢的动车，只配备 1 名列车长、2 名司机、4 名乘务员、6 名保洁人员、6 名餐配人员。8 编组的减半。动车组重联时，按两个乘务组配备。

三、列车乘务组的通用标准

1. 岗位纪律

（1）认真贯彻“安全第一，预防为主”的方针，工作中必须严格遵守各项规章制度、劳动纪律和安全作业标准，搞好劳动安全联防互控工作。

（2）班前充分休息，保持精力充沛。严禁在接班前和待勤中饮酒。

（3）班中按规定着装，穿戴防护用品。不赤足穿鞋，禁止佩戴妨碍视觉、听觉的色镜、帽子。

（4）严格执行当班“五不准”：不准打盹睡觉；不准脱岗；不准喝酒；不准打牌下棋；不准做与工作无关的事情。

（5）严格执行设备安全操作规程，正确使用设备工具。

（6）严格执行出、退勤和零星请假、销假制度，工作时间外出时，须办理零星请假、销假手续。

（7）严禁以职权谋私、粗暴待客、索要物品，以及其他因客运服务质量问题造成的社会影响等行为。

（8）严格遵守手机管理制度。工作中严禁使用手机上网、聊天、视频，玩游戏等。

2. 客运系统安全红线

（1）班前、班中饮酒。

（2）站台作业车辆掉入股道。

（3）临时停车擅自组织旅客乘降。

（4）看车人员在车内抽烟、使用明火。

3. 服务标准

（1）有需求有服务，无需求无干扰。通过广播、电子显示屏等方式宣传服务设备的使用方法，让旅客自助服务。

（2）实行首问首诉负责制。所谓首问首诉负责制就是无论乘客在乘车中有什么需要或诉求，看到车上任何一个列车员都可以向他（她）提出来，由他（她）去协调铁路内部的事情，而不必找负责本节乘务的列车员或列车长。在受理旅客咨询、求助、投诉时，要及时回应，热情处理，有问必答，回答准确；对旅客提出的问题不能解决时，做好耐心解释。

（3）全面服务、重点关注，优先照顾，保障重点旅客服务。对重点旅客做到“三知三有”（知座席、知到站、知困难，有登记、有服务、有交接），优先办理卧铺、安排座席；为有需求的重点旅客联系到站提供担架、轮椅等辅助器具，及时办理站车交接。

4. 仪容仪表标准

（1）乘务组着装统一，衣扣拉链整齐。着裙装时，丝袜统一，无破损。系领带时，衬衣束在裙子或裤子内。外露的皮带为黑色。佩戴的外露饰物款式简洁，限手表一只、戒指一枚，女性还可以佩戴发夹、发箍或头花及一副直径不超过 3 毫米的耳钉。不歪戴帽子，不挽袖子和卷裤脚，不敞胸露怀，不赤足穿鞋，不穿尖头鞋、拖鞋、露趾鞋，鞋的颜色应为深色系，鞋跟高度不超过 3.5 厘米，跟径不小于 3.5 厘米。

（2）佩戴职务标志，胸章牌戴于左胸口袋上方正中，下边沿距口袋 1 厘米处（无口袋的戴于相应位置），包含单位、姓名、职务、工号等内容。臂章佩戴在上衣左袖肩下四指处。按规定应佩戴制帽的工作人员，在执行职务时戴上制帽，帽徽在制帽折沿上方正中。除列车长外，其他客运乘务人员在车厢内作业时可不戴制帽。

（3）头发干净整齐、颜色自然，不理奇异发型、不剃光头。男性两侧鬓角不得超过耳垂底部，后部不长于衬衣领，不遮盖眉毛、耳朵，不烫发，不留胡须；女性发不过肩，刘海长不遮眉，短发不短于 7 厘米。

（4）女性淡妆上岗，唇线与口红的颜色一致；眉毛修剪整齐，眉笔和眼线为黑色或深棕色；眼影的颜色与制服一致；使用清香、淡雅型香水。工作中保持妆容美观，端庄大方。补妆及时，在洗手间或乘务间进行。不浓妆艳抹。

（5）面部、双手保持清洁，身体外露部位无文身。指甲修剪整齐，长度不超过指尖 2 毫米，不染彩色指甲。

5. 服务用语标准

（1）表情自然，态度和蔼，用语文明，举止得体，庄重大方。

（2）使用普通话，表达准确，口齿清晰。服务语言表达规范、准确，使用“请、您好、谢谢、对不起、再见”等服务用语。对旅客称呼恰当，统称为“旅客们”“各位旅客”“旅客朋友”，单独称为“先生、女士、小朋友、同志”等。

（3）旅客问讯时，面向旅客站立（工作人员办理业务时除外），目视旅客，有问必答，回答准确，解释耐心。遇有失误时，向旅客表示歉意。对旅客的配合与支持，表示感谢。

6. 作业纪律标准

（1）不高声喧哗、嬉笑打闹、勾肩搭背，定时定点分批用乘务餐，其他时段不在旅客面前吃食物。餐车对旅客供餐时，不在餐车逗留、闲谈、占用座席、陪客人就餐。

（2）清理卫生时，清扫工具不触碰旅客及携带物品。挪动旅客物品时，要征得旅客同意。需要踩踏座席、铺位时，戴鞋套或使用垫布。占用洗脸间洗漱时，礼让旅客。清洁厕所时，作业人员戴保洁专用手套。

（3）夜间作业、行走、交谈、开关门要轻。进包房先敲门，离开时应倒退出包房。

（4）维护秩序时要说服动员，不准推拉旅客。

（5）不侮辱、刁难和以粗野语言对待旅客；不利用职务之便索贿、受贿、敲诈勒索；不以票谋私；不擅离职守，不对旅客敷衍搪塞；不包庇袒护，不推卸职务过失。

• 小贴士 •

高速列车首尾都有车头，实际上在列车运行过程中两个车头并不会同时启用，而是一个车头在工作，另一个处于“休眠”状态。当动车组列车到达终点后，司机只需要走到另一端车头上岗，即可完成列车换向运行。这种“人动车不动”的换向方式具有高效便捷的优点。

很多旅客发现，不少繁忙的线路上，动车组列车变成了四个车头，中间两个车头紧紧相抵。这是铁路部门为增加运力将两列动车组进行重联，使运力增加了一倍。我们经常看到的 16 编组动车组至 17 编组超长复兴号动车组就是通过这种方式连接到一起的。

四、旅客列车乘务组乘务制度

旅客列车乘务组的乘务制度分为包乘制和轮乘制两种，应根据列车种类和运行距离，本着既有利于服务质量的提高，又利于车辆设备保养及劳力合理使用的原则，选定相对较优的乘务制度。

1. 包乘制

包乘制是指一个旅客列车车次由固定的几个列车乘务组包干值乘。

优点：便于管理，保证服务质量。

缺点：乘务员分两班作业，需挂宿营车，配备的乘务人员较多。

目前列车乘务组大都执行包乘制。

2. 轮乘制

轮乘制是指在旅客列车密度较大，且列车种类和编组又基本相同的区段，为了紧凑组织乘务交路和班次，乘务组按出乘顺序轮流担当值乘任务的乘务制度。这种形式乘务组不固定服务于某一列车，且可互相套用。

优点：乘务组单班作业，不需挂宿营车，节省乘务人员和运能；另外，乘务组一般在本铁路局内值乘，对线路、客流及交通地理等情况熟悉，联系工作方便。

缺点：乘务组的规律性差，交接手续多，不利于车辆保养，且可能对服务质量有不良影响。

列车乘务组在列车长的领导下，各司其职，相互协作，齐抓共管、落实作业标准，有监督、检查及考核，树立提升铁路旅客运输服务品牌形象，必须全心全意为乘客服务，做到让乘客满意。

·小贴士·

列车乘务组工时计算：按列车实际运行时间，另加出勤、退勤、双班作业、库内清扫、看车时间计算。济南客运段月工时规定为167.3小时。

案例分析

空调故障，齐心协力做好服务

2019年8月，某次列车5号车厢前半部空调突发故障，致使车内温度一度达到30多摄氏度。该车旅客是某市重点中学赴外地参加奥数比赛的学生选手及带队老师，共5人。由于车厢内温度较高，带队老师对列车工作人员关于空调故障的解释以及在随后的服务情况表示不满，情绪激动、言辞激烈，要求给予补偿、给出说法，并声称到站后不下车。列车长接到列车员报告后，与机械师立即赶到现场，一方面积极做好解释和安抚工作，另一方面对空调故障全力进行抢修，同时集中列车上所有矿泉水，使用一次性纸杯，逐人送到每位旅客手中。后又经客运调度协调，又分别于列车运行前方站补充了30箱冰镇矿泉水，向每位旅客发放，使旅客情绪稳定。在整个过程中，列车长随时将车内状况及旅客情况向客运段派班室、车队汇报。当段里接到带队老师强烈表示到站不下车的信息后，相关段领导立即就近上车，与带队老师直接沟通，表明诚意，准确说明高铁相关规定。经多方反复努力，车到达目的站时，车上的旅客全部顺利下车。

知识链接

旅客列车车次规定：

1. 高速动车组旅客列车G1−G9998“G”代表“高”。
2. 城际动车组旅客列车C1−C9998“C”代表“城”。

3. 动车组旅客列车 D1－D9998“D”代表“动”。

4. 直达特快旅客列车 Z1－Z9998“Z”代表“直”。

5. 特快旅客列车 T1－T9998“T”代表“特”。

6. 快速旅客列车 K1－K9998“K”代表“快”。

7. 普通旅客列车 1001－7598。

8. 临时旅客列车 L1－L9998“L”代表“临”。

9. 旅游列车 Y1－Y998“Y”代表“游”。

项目理论作业

1. 列车乘务组的主要任务有哪些？

2. 客运乘务组职责范围有哪些？

3. 列车乘务组通用岗位服务标准有哪些？

4. 列车乘务组通用岗位纪律标准有哪些？

5. 客运系统安全红线范围是什么？

6. 旅客列车乘务组乘务制度有哪些？

项目实作训练

车厢空调发生故障

1. 模拟列车在运行途中车厢空调故障，引起乘客不满，情绪激动，乘务组应如何齐心协力做好服务工作。

2. 模拟训练提示

（1）列车乘务员做好旅客的安抚解释工作。

（2）立即报告列车长和列检，尽快修复。

（3）无法修复时，把旅客尽量安排到其他车厢，并做好服务工作。

（4）由此产生的票价差，由列车长编制客运记录交旅客到站退款。

3. 教学评价

项目四	铁路旅客运输列车服务工作	
任务 1	旅客列车乘务组	
考核内容	分值	考核得分
1. 模拟训练过程学生的态度认真，团队精神强	20	
2. 安抚乘客的语言流畅、紧凑，效果好	20	
3. 组织过程合情合理	20	
4. 处理问题时配合得好，且符合实际情况	20	
5. 整体效果好	20	
总体得分		
教师简要评语： 教师签字：		

任务 2　列车长服务工作

情景导入

列车长，是旅客列车乘务组的负责人，对乘务组人员有领导、指挥、布置、督促、检查的权力。负责在列车上同机车、车辆和公安乘务人员一起，保证旅客和行李的安全，保持列车清洁卫生和车内设备完整良好，维持旅客乘降秩序，组织列车饮食供应，保证旅客享受按车票席别消费标准的服务，正确填写乘务日志和速报表等工作，圆满完成旅客输送任务。

一、列车长岗位职责

1. 统一领导列车乘务工作，代表铁路局对内行使管理权，组织乘务员认真落实旅客运输各项管理办法和规章制度，督促乘务员严格执行作业纪律和作业过程，质量良好地完成旅客和行包的运输工作。

2. 树立“以人为本，旅客至上”的服务理念，做到全面服务、重点照顾，落实首问首诉负责制，分析质量状况，不断改进服务工作。

3. 落实安全管理制度，熟练掌握和运用应急预案，妥善处理各类突发事件，确保旅客、行包和国家财产的安全。

4. 精通本职业务，及时修改规章，正确填制票据资料，掌握旅客流量流向，妥善处理各种客运业务。

5. 执行上级命令指示，结合实际制定工作计划，完善班组管理，落实《列车长领导下各工种分工负责制管理办法》，加强各工种工作配合，密切站车协作，确保运输信息畅通。

二、列车长的能力要求

根据列车长职责分析，为了让列车长能较好地履行岗位职责，顺利地完成上级安排的工作任务，必须具备以下方面的能力：

1. 列车长必须具备旅客运输基本知识，行李、包裹运输基本知识和旅客运输管理知识，才能较好地从事旅客运输工作，正确解答旅客询问。

2. 列车长要精通本职业务，正确执行各项规章制度，熟悉客车给水、照明、防暑、取暖、消防等设备；能迅速鉴别、确认、填写各种票据，编制客运记录；能迅速妥善处理旅客中的突发事件，列车发生意外事故后能对旅客和行包做出妥善安排。

3. 列车长必须具有班组管理能力、执行能力和协调沟通能力，有较强的组织管理和妥善处理问题的能力。

• 小贴士 •

高铁列车单编组列车（8 节车厢），一般只有一名列车长，重联列车（16 节车厢）一般配有两名列车长，前列、后列各一名。

三、基本服务标准

1. 无需求无干扰，有需求有服务。通过广播、电子显示屏等方式宣传服务设备的使用方法，以方便旅客自助服务。

2. 实行首问首诉负责制。受理旅客咨询、求助、投诉，及时回应，热情处置，有问必答，回答准确；对旅客提出的问题不能及时解决时，做好耐心解释。

3. 对重点旅客做到“三知三有”，为有需求的重点旅客联系到站提供担架、轮椅等辅助器具，及时办理站车交接。

4. 尊重民族习俗和宗教信仰。

5. 立岗时挺胸收腹，两肩平衡，身体自然挺直，双臂自然下垂，手指并拢贴于裤线上，脚跟靠拢，脚尖略向外张呈“V”字形。女性可双手四指并拢，交叉相握，右手叠放在左手之上，自然垂于腹前；左脚靠在右脚内侧，夹角为 45° 呈“丁”字形。站立姿势端正，面带微笑，致欢迎词。

• 小贴士 •

旅客坐过站怎么办

出站重新购买返程的车票？不用！旅客坐过站，可以免费返程！适用于 G、D、C、K、T、Z 等字头列车。

坐过站如何免费返回？一定要立刻找列车长，列车长会给开客运记录，有客运记录就不用重新补票啦。拿到客运记录，并交给下一车站站台工作人员，他们就会安排免费返程。在免费送回区间，站车均应告之旅客不得自行中途下车。

四、作业纪律标准

列车长除了按照乘务组作业纪律标准做好乘务工作外，旅客下车后，列车长还要对全车消防、安全、应急、服务等设备设施再次巡视检查并记录，按规定处理旅客遗失物品。在确认各工种作业进行完毕后，列车长才能通知司机关闭全车车门。如遇折返站，列车长会继续值乘下一个车次。按规定值乘完所有的交路后，召开退乘会，组织乘务员退乘，各项工作交接完毕，才能结束一趟车的工作。

知识链接

一、高铁列车长主要工作内容

作业项目	作业内容	质量标准
车门口作业	1. 列车进出站时在车门口立岗，面向站台致注目礼 2. 始发、终到、途中到站时，在站台立岗，与车站办理站车交接 3. 迎接旅客上车，做好重点旅客服务 4. 与各车厢乘务员确认旅客乘降情况 5. 开车前，（重联时为运行方向前组列车长）接到车站与客运有关的作业完毕通知后，按规定通知司机或随车机械师关闭车门	1. 立岗时站姿标准 2. 立岗和办理站车交接位置：短编组动车组列车在 4、5 号车厢之间；长编组动车组列车在 8、9 号车厢之间；重联动车组列车在列车运行方向前组第 7、8 位车厢之间，后组列车长在本组列车第 4、5 号车厢值岗 3. 乘降组织有序，站车交接规范，联控用语准确 4. 掌握本次列车上水作业站、互联网订餐站、高铁快运业务办理站
车内巡视作业	1. 检查消防通道、查危、禁烟等安全宣传、嘱托，是否到位。查看公共区域电源插座使用管理等情况 2. 检查车门、设施设备状态，发现	1. 利用手持安检查危仪，规定区段组织危险品检查，发现危险品按规定处理。采用“问、闻、听、查、看、宣、移、摸、整、帮”十字检

续表

作业项目	作业内容	质量标准
	故障及时通知随车机械师确认、处理 3. 检查各岗位作业程序、乘务纪律、仪容着装执行及商务座、一等座食品发放等情况 4. 检查各车厢文明服务、重点旅客照顾。及时调整行李架和大件行李舱物品摆放。检查高铁快件包装、施封放置等情况 5. 检查途中各车厢的卫生清理和箱、柜等隐蔽处所清理锁闭情况 6. 督促随车保洁人员对厕所、洗脸间等重点场所卫生保洁，对卫生不达标的场所提出整改 7. 检查餐饮供应、食品加工、商品销售、价格等情况，督促检查餐车人员及时送餐和收取餐盒、提供发票。检查微波炉、电器设备规范操作等情况 8. 监听兼职广播员广播内容 9. 检查服务用品补充更换、备品定位、药品器械使用管理等情况 10. 巡视检查核对旅客乘车信息，掌握旅客动态，征求旅客对列车服务的意见和建议 11. 重点区段携带视频记录仪记录全列巡视作业情况 12. 检查静音车厢服务工作落实情况 13. 中间站开车后了解掌握列车互联网订餐配送情况，督促餐车人员做好餐食的准确发放	查法，查堵危险品并使用音视频记录仪做好记录 2. 车内温度适宜，原则上保持冬季18℃~20℃，夏季26℃~28℃，环境舒适 3. 安全标志设置齐全、规范，符合标准 4. 行李架、大件行李舱物品摆放平稳、牢固、整齐。大件行李放在大件行李存放处，不堵塞通道 5. 设施设备状态良好，遇故障不能及时修复时，及时记录在客运工作乘务日志中，必要时悬挂设备故障提示牌告知旅客 6. 各岗位作业程序、乘务纪律等符合质量规范 7. 广播宣传全面，通告准确，更新及时 8. 途中做到卫生清理及时，保持整洁干燥，易耗品补充及时。各种备品、清洁工具统一定位放置，做到检查仔细。垃圾装袋，封口，无渗漏，定位放置，垃圾投放站定点投放 9. 餐车做到无违规，正确操作使用各种加工设备，加强防火控制管理，发现问题及时处理。加热后未售出的食品严格实行定时报废制度。在列车上，报废的食品在未处理前应醒目标明“报废”字样存放 10. 列车配送人员应在30分钟内将餐食发放完毕，及时了解和掌握发

续表

作业项目	作业内容	质量标准
	14. 安排乘务用餐：根据运行时段，安排乘务员和随车保洁员在指定车厢、指定位置轮流用餐。对用餐时段乘务员工作进行合理调整，保证用餐期间车内有人盯控	餐过程中出现的突发问题，积极面对，妥善处置 11. 耐心解答旅客问询，妥善处理相关事宜 12. 做好互联网订餐配送交接、发餐等环节工作流程的落实 13. 乘务班组用餐前，列车长通知餐车工作人员协助加热乘务餐，由列车值班员协助，以传递的方式送至各车厢乘务员手中，不得出现串岗、离岗的现象 14. 班组就餐时须错开旅客用餐高峰，严禁乘务员离开本岗位值乘区域一起用餐或在用餐时闲聊、谈论与工作无关的事情 15. 技术停车时加强巡视，做好安全嘱托 16. 列车长至少每 2 小时巡视一次车厢，并使用音视频记录仪做好记录
查验车票作业	根据站车交互系统终端（一体机验票机、手持验票终端），做好车票查验。发现不符合乘车条件或无票人员，按章处理	1. 列车运行途中进行差异化查验，可根据站车交互系统终端（一体机验票机、手持验票终端）的席位信息推送，针对减价优惠（待）票、公免签票、空余座位及重点旅客进行查验、登记 2. 减少旅客干扰，处理违章做到实事求是，态度和蔼 3. 做好补票机、票据、现金管理 4. 票据现金管理制度落实到位，途中票包现金超过 2000 元，要及时入柜保证安全，保险柜锁闭加密内不得存放私人物品

续表

作业项目	作业内容	质量标准
重点旅客服务	1. 掌握车内重点旅客情况，落实首问首诉负责制，主动帮助旅客解决困难，加强对重点旅客乘车注意事项的嘱托，并为有需求的重点旅客提供送水服务 2. 遇特殊重点旅客时，应主动了解服务需求，及时、优先提供适需服务，必要时提前联系旅客到站并填写重点旅客交接簿，严格落实交接制度	1. 对重点旅客做到“三知三有”，掌握重点旅客服务备品 2. 特殊重点旅客做好站车交接，确保服务闭环，防止遗漏 3. 严格落实《重点旅客交接簿》签字确认交接制度
遗失物品找寻	1. 接到12306客服中心流转的遗失物品及求助工单或接到段客服通知的遗失物品及求助信息后，在30分钟内完成签收 2. 立即组织人员根据旅客提供的相关信息进行查找 3. 查找结果应及时回复旅客并通过客管系统填写或电话回复客服查找结果	1. 及时接收遗失物品 2. 遗失物品查找过程使用音视频记录进行记录 3. 遗失物品应及时通知乘警共同进行查找 4. 查找结果及时反馈客服 5. 严禁私拿藏匿遗失物品 6. 移交时，开具客运记录并详细记录，落实签字确认交接制度
行为、神情异常旅客乘车	发现行为、神情异常的旅客乘车按章处理	发现行为、神情异常旅客时，重点关注，配备乘警的列车通知乘警到场处理；未配备乘警的由列车长按规定处理，情形严重时交列车运行前方停车站处理
旅客携带可疑及无人认领的物品	发现旅客携带品可疑及无人认领的物品时按章处理	发现旅客携带品可疑及无人认领的物品时，配备乘警（或列车安全员，下同）的列车通知乘警到场处理；未配备乘警的由列车长按规定处理，对危险品做好登记、保管及现场处置，并交前方停车站（公安部门）处理

续表

作业项目	作业内容	质量标准
旅客发生伤病	旅客在列车上发生伤病时，按章处理，积极采取救治措施	发生旅客伤病时，提供协助，通过广播寻求医护人员帮助；情形严重的，报告客调
要客乘车服务	遇领导乘车时，妥善安排并及时向段队报告	执行重点任务时，做到安全正点、作业标准、服务到位、汇报及时
站车交接作业	1. 交接位置：短编组动车组列车在4、5号车厢之间；长编组动车组列车在8、9号车厢之间；重联动车组列车在列车运行方向前组第7、8位车厢之间，后组列车长在本组列车第4、5号车厢值岗。同车站客运值班员办理重点旅客等客运业务交接 2. 站车交接事项： （1）特殊重点旅客 （2）旅客遗失物品 （3）越站、无票人员 （4）失信人员需交站时 （5）列车查获危险物品 （6）其他需要与车站办理交接的事项	1. 站车交接迅速、全面、及时、到位 2. 重点事项交接时必须使用音视频记录仪记录 3. 必要时提前联系交接车站，客运记录严格落实签字确认制度
安检查危	查危区段：XX次XX—XX区段	1. 利用安检查危仪，组织危险品检查，发现危险品按规定处理 2. 采用“问、闻、听、查、看、宣、移、摸、整、帮”十字检查法，查堵危险品 3. 对无票、重点人员及重点区段进行检查；必要时协助乘警按规定开包检查 4. 对查出的危险品由值乘的乘警没收处理，对发令纸、鞭炮等，应立即浸水

二、高铁列车长作业流程

作业流程	作业程序
始发前作业	1. 提前一小时领取任务 2. 登录客管系统填写乘务报告、电脑出乘，更新台账 3. 检查乘务员人容着装 4. 组织乘务员出乘点名，传达文电、命令、指示、要求 5. 请领票据和补票机，扫码出乘 6. 开启值乘所需设备，登录各系统 7. 按规定携带各种证件和电报、客运记录等 8. 召开出乘会，组织学习文电，布置趟车工作重点 9. 备品室清点备品，办理交接后封箱 10. 列车长掌握值乘车次的车型、股道、组顺及正反方向、备品准备工作、结合部等情况 11. 核对对讲机频率 12. 提前 30 分钟集体列队到站台对岗接车 13. 联控司机开启车门并进行时间核对 14. 查看备品配送情况，特殊情况及时联系 15. 收取餐车工作人员手机 16. 与司机、随车机械师核对频道、时间、车次 17. 检查全列设施设备情况，做好视频录像 18. 检查隐蔽处所、安全设备及服务备品配置情况 19. 设备设施问题督促机械师修复并做好记录 20. 检查服务设施设备、固定备品数量及定位 21. 检查卫生保洁和易耗品配置情况 22. 检查车内安全标识是否齐全 23. 检查餐车商品进货单，抽查食品 24. 检查乘务员服务准备工作 25. 确认商务车广播关闭状态 26. 检查列车红十字药箱内药品、器械 27. 与站方确认放客时间，乘务员做好放客准备 28. 规定位置立岗，做好安全宣传

续表

作业流程	作业程序
	29. 引导安排重点，办理站车交接 30. 检查高铁快件包装情况，核对票据，办理交接 31. 盯控开车前 5 分钟及关门广播播放情况 32. 加强瞭望，与乘务员车门联控，确认旅客乘降情况 33. 车站作业完毕后，确认乘降完毕，联控司机关门
途中作业	1. 立岗出站 2. 全列巡视车厢，及时调整行李架和大件行李舱物品摆放。安检查危，做好视频记录 3. 检查车内温度、广播情况及车容车貌 4. 检查作业执行情况、卫生及车内动态 5. 进行禁烟、防挤、防烫等安全嘱托 6. 向段信息中心编发始发信息 7. 始发全面验票，中途站差异化验票 8. 按章办理补票业务。现金、票据及时入柜 9. 检查消防通道、安全宣传情况 10. 查看公共区域电源插座使用管理等情况 11. 检查车门状态，故障时通知机械师处理 12. 检查作业程序、乘务纪律、仪容着装执行情况 13. 检查商务座、一等座食品发放等情况 14. 检查静音车厢服务工作落实情况 15. 检查商务座旅客出站引导预约服务落实情况 16. 检查文明服务、重点旅客、高铁快件包装情况 17. 检查卫生清理、隐蔽处所和橱柜门锁闭情况 18. 督促随车保洁人员卫生保洁，填写随车保洁考核表 19. 检查餐饮供应情况 20. 检查微波炉、电器设备规范操作情况 21. 监听便捷换乘等广播宣传及通告 22. 检查服务用品补充更换、备品定位、药品器械使用管理等情况 23. 核对旅客乘车信息，掌握车内动态，征求旅客意见和建议 24. 安排乘务员指定车厢、指定位置轮流用餐 25. 接收旅客信息，掌握流量流向，均衡组织

续表

作业流程	作业程序
	26. 编写记录，填写资料台账 27. 发生重大问题时，及时汇报 28. 对旅客提出的意见，及时整改、耐心解释 29. 精神、行为异常旅客按章处理 30. 遇非正常情况，按规定进行应急处置 31. 安排乘务员做好重点旅客引导 32. 督促乘务员到站前卫生整理，查看垃圾投放准备情况 33. 核对高铁快件交接单，做好下交准备 34. 遇互联网订餐车站督促餐车人员掌握订餐数量做好交接准备工作 35. 遇转向站时，引导旅客座椅转向 36. 中间站换班时，检查交接班准备情况 37. 征求旅客意见，向重点旅客道别 38. 监听自动广播通报，应急情况改用直播 39. 车门口立岗进站
终到后作业	1. 组织旅客乘降，检查垃圾投放情况 2. 指定位置立岗，与站方办理交接 3. 做好配送餐食交接盯控 4. 上水站督促站方补水 5. 巡视检查隐蔽处所 6. 了解折返站列车上水（吸污）情况 7. 终到检查备品收集及交接班等情况 8. 终到站携带视频记录仪记录全列巡视作业情况 9. 确认终到作业结束，联控司机关车 10. 列车终到后在站台进行吸污、上水作业时，按规定联控 11. 列队按安全走形线退乘 12. 召开退乘会，发放手机 13. 及时缴款，剩余票据（票机）入橱加锁 14. 统计各项运输数据，填写生产报表 15. 严格落实零星假请销假制度 16. 终到后将视频记录内容拷入指定电脑留存

项目理论作业

1. 列车长岗位职责有哪些？

2. 列车长的能力要求有哪些？

3. 列车长的基本服务标准有哪些？

4. “无需求无干扰，有需求有服务”的含义是什么？

5. 首问首诉负责制的含义是什么？

6. 对重点旅客做到“三知三有”的内容是哪些？

项目实作训练

处理乘客投诉

2021 年 5 月，G126 次列车上有一乘客对服务不满找列车员要投诉电话，作为列车长该如何处理？由学生分别扮演旅客、列车员、列车长，面对旅客的投诉，列车员、列车长该如何对待？

1. 训练提示

（1）认真倾听并表示感谢。

（2）说明感谢的理由。

（3）马上真诚的道歉，立即复述并认同。

（4）做出承诺，立刻改进。

（5）遵循旅客的必要意见。

（6）迅速改进并回应。

（7）确认旅客的满意度。

2. 教学评价

项目四	铁路旅客运输列车服务工作	
任务 2	列车长服务工作	
考核内容	分值	考核得分
1. 模拟训练过程学生的认真态度与团队精神	20	

续表

项目四	铁路旅客运输列车服务工作	
任务 2	列车长服务工作	
考核内容	分值	考核得分
2. 安抚乘客的语言流畅、紧凑，效果好	20	
3. 组织过程合情合理且周密	20	
4. 处理问题时配合得好，且符合实际情况	20	
5. 整体效果好	20	
总体得分		
教师简要评语： 教师签字：		

任务 3 列车员服务工作

情景导入

列车员是铁路客运列车工作人员，也称列车乘务员。列车员的工作必须全心全意为旅客服务，做到让乘客满意，保证安全、准点、舒适、快捷地将乘客送达目的地。列车员的职业特点有固定的工作模式、狭小的工作环境，以及在列车上往返于一条线路，年复一年地工作。

列车员接触到的是形形色色的旅客，处理各种各样的事情，他们并不是为了得到什么样的回报，让他们投入更多的是对这份工作的爱，坚守着自己的岗位，出一份微薄的力量，让更多旅客在享受便捷的同时，感受到铁路服务的细致温暖。

一、列车员岗位职责

1. 使用文明服务用语，做好开车前、运行中、到站前的各项宣传和站名预报工作。

2. 做好开关车门、检验车票、核对铺位和上、下行包等工作，严禁旅客携带危险品、禁运物品和超限量物品上车。

3. 打扫车内卫生，保持车内干净，维护乘车秩序，爱护车内设施，提供舒适的乘车环境，并协助乘警保障旅客旅行安全。

4. 行车中积极配合列车司机做好安全宣传工作。发生事故时，及时抢救伤员，协助司机做好有关工作。

5. 遵守有关规定和运输纪律，服从管理，主动配合稽查人员做好客运检查工作。

二、列车员能力要求

铁路旅客运输工作与其他交通运输不同，列车昼夜运行，列车员与人打交道，会发生各种各样的事情，加上突发事件时有发生，其工作难度相当大，每一次出乘发生的事情都不一样，需要智慧和勇气。因此，铁路企业对列车员岗位的工作能力，除要求有熟练的业务技术能力外，还有如下特别要求：

1. 具有良好的观察能力

观察能力是指善于全面、深入、正确地发现事物各种典型特征的能力，即对事物能够进行分析和综合的能力。良好的观察能力是客运服务人员的基本技能，是搞好优质服务的前提。在客运服务中，注意观察细小的事情，从中发现新情况、新问题，改进服务方式，或从细微的征兆中发现问题的本质，有效地防止各种事故的发生，保证旅客运输安全。

2. 具有准确的判断力

列车客运服务工作经常会出现意想不到的新情况、新问题，特别是对突发事件的判断能够及时、准确，才能预防或制止各种事故的发生，保证旅客运输安全。

3. 具有良好的记忆力

记忆是智力活动和能力提高的基础。客运服务人员必须对铁路的规章制度、技术业务、实际操作、列车到开时分等方面的知识要记牢，并能灵活运用，才能对旅客的询问对答如流。所以，客运服务人员要从视觉、听觉、动作 3 个方面加强记忆力的培养，提高自己的工作能力和工作效率。

4. 具有较高的理解能力

客运服务人员的理解能力有两个方面：

一是表现在对铁路规章制度、操作技能知识的理解，理解透彻才能掌握运用。

二是表现在尊重旅客，对旅客的心理需求多一分理解，才能有耐心、热心去为旅客服务。

所以客运人员的理解能力有别于其他工种，是客运服务人员必备的能力之一。

5. 具有较强的表达能力

列车上的一切活动，离不开语言、文字表达。而语言、文字又是人们交流感情、表达思想、传递信息、相互沟通的工具，直接体现着一个人的学问、个性和生活经验。列车员同旅客进行语言交流，直接反映服务态度和服务水平，因此需要较强的口语表达能力，而口才又是人类生活中应用最普遍而最难能可贵的技术或艺术。

6. 具有较强的人际交往能力

列车上每天有各种各样的旅客，他们的性格、爱好、兴趣各不相同，旅行需求不同，列车员同他们处理好关系是十分重要的，因为这关系到对其工作的评价，直接反映服务质量。如果与旅客发生争吵，不仅体现出这个人的工作能力不强，而且影响个人形象，也影响铁路的声誉。

案例分析

真心为旅客，化干戈为玉帛

2021 年 1 月，在上海虹桥站开往北京南站的 G8 次列车上。开车后不久，列车员小刘正按照作业标准为刚上车的旅客发放毛巾、饮料和小吃，这时听见车厢内一位先生大吼了一声："服务员，拿个毛毯给我。"听讲话声，小刘感觉这位先生性格比较暴躁。于是放下手中工作，迅速拿了一条毛毡帮他盖在了身上。"先生，请问还有什么需要帮忙的吗？"列车员小刘躬身含笑问道。"不需要。"那位先生生硬地回答。几分钟后，车厢内一位顽皮的小男孩拿着妈妈的手机在车厢内来回跑着，边跑边对着各个方位拍照片。"这是哪家的孩子啊，还没有人管，刚要睡着就被吵醒了，我花高价买商务座可不想要这种嘈杂的环境！"那位先生气地大声喊道。看情形不对劲，小刘赶紧上前把孩子带回他母亲的身边。小刘刚要向那位先生道歉，那位女士表情也变了："是我的孩子，怎么了？车厢又不是你包下来的。"小刘赶紧安抚两位旅客的情绪，对那位先生讲道："先生，实在抱歉，打扰您休息了，我看前面观光区的商务座也是空的，要不我帮您把行李拎到前面，那里不会再有旅客上车了，您可以在里面安静地休息。"车厢其他旅客也都在看着他，这位先生也意识到他做得有点过，于是说道："好吧好吧，没事了。"小刘倒了一杯热茶递到了他的面前再次表示歉意，然后又端着一杯热茶来到那位女士面前，并微笑着提醒她道："小孩子喜欢乱跑是天性，万一车子晃动小孩子摔倒了或伤着了可不好！"那位女士也对小刘笑笑说道："谢谢你了，刚才还替我表示歉意。"小刘连忙说："不用谢，这是我的职责。"

三、列车员素质要求

1. 思想素质

思想素质主要是指列车员的思想意识、思想方法和思想修养，是做好客运服务工作的首要条件。具体表现在：有事业心、责任感，服务意识强，且具有投诉的敏感性；有锐意进取的精神；坚持原则，敢于负责，办事公道；先人后己，克己奉公；待人热情坦诚；遵章守纪，热爱集体，抵御错误思想，识别美丑荣辱，自觉地维护企业、车班的利益和声誉。

2. 心理素质

心理素质主要指心理过程和个性心理，如情感情绪、兴趣爱好、气质性格以及信念、意志、自尊、宽容心等方面的成熟程度和健康程度，这是搞好服务工作，当好列车员的关键。客运职工的个性心理特征、生活条件、工作环境和工作实践（与旅客交往活动）所形成的心理品质、情感品质、意志品质、性格品质和个人修养是客运服务心理的基础。具体表现在：尊重旅客，真心、用心为旅客服务；尊重上级，主动汇报，接受监督，善于自我管理、自我调控，抑制负面情绪的影响。列车员还须懂得心理活动在安全生产中的作用。

3. 文化素质

文化素质主要是指列车员的文化知识水平，这是其他素质形成、发展的基础。目前要求列车员具有中等职业教育文化水平。

4. 专业技术素质

专业技术素质主要是指列车员做好服务工作必须具备的专业知识和技能，这是当好列车员的必要条件。其具体要求是持证上岗、熟知本岗位业务知识和职责、熟知车厢内的设备操作规程、掌握客运服务心理和技能。

5. 身体素质

身体素质主要是指列车员应有良好的身体素质。旅客服务工作繁重，没有充沛的精力，想要做好优质服务工作是极为困难的。因此，一个好的身体是做好工作的基本保证。

以上是对列车员的基本要求，思想素质是当好列车员的首要条件，业务技术素质是当好列车员的必备条件，文化素质是当好列车员的起码要求，这也是其他素质形成和发展的基础。较好的心理素质是当好列车员的关键因素，较好的身体素质则是做好服务工作的基本保证。

案例分析

真心帮助，难事不难

2020 年 5 月，G6909 次列车济南西站始发立岗时，一名中年男旅客气喘吁吁地找到列车员小李，说自己一个皮箱遗忘在售票大厅自动售票机旁了。小李立即寻找车站站台工作人员，说明了事情原委。由于列车马上就要开车了，这位旅客又因特殊原因必须乘坐本趟列车赶至青岛，只能委托车站客运工作人员帮忙寻找。小李反复叮嘱并与其客运值班员互留了联系方式。开车后，小李立即向列车长小王汇报了此事。快到淄博站时终于传来了好消息，旅客遗失物品找到了。小李在征得旅客意见后，旅客遗失物品暂时由车站代为保管，当天晚上旅客乘坐 G198 次列车返回济南西站时领取。

• 小贴士 •

当有行李落在列车上时，可通过 12306 公众号或掌上高铁 App 中的“失物找回”功能直接线上快速登记遗失物品方便快捷，一分钟登记，六小时反馈。操作流程也很简单，提交完成 6 小时内（23：00–次日 6：00 顺延）铁路工作人员将与失主联系告知查找情况。

四、列车员作业流程

1. 列车员出乘前规定

（1）出乘前必须充分休息，保持精力充沛，严禁在出乘前饮酒。

（2）集体列队出乘，出乘时应按规定穿制服，佩戴职务标识，戴规定制帽。仪容整洁，朴素大方。

（3）列队到派班室点名，听取派班员传达上级文件、命令和有关事项。参加班组出乘前学习会，听取列车长对本趟工作安排和注意事项，记录本趟趟计划。

（4）熟练掌握本趟列车停站、到开时刻及岗位要求。

（5）出乘点名前，手机一律关机并交由列车长统一管理。

（6）领取备品。携带钥匙，检查音视频记录仪、站车交互终端（一体化验票机、手持验票终端）广播外置播放器等设备状态良好、进行手持电台通话试验，确保电量充足，作用良好。

2. 列车员出乘始发站作业规定

（1）站台接车。按照规定时间列队站台接车，做好安全防护，杜绝备品及个人物品侵入安全线内，严禁在站台奔跑，确保安全。

（2）始发整备。①站台接车后，快速开展整备作业，按照各车型备品柜位置或指定位置，将乘务箱等个人物品定位存放；消耗品及清扫工具定位放置，摆放整齐。②对所负责车厢的安全、服务设备设施、客运备品、应急备品及隐蔽处所、橱柜门锁闭等情况等进行全面检查，确保应急物品配备齐全、性能良好。隐蔽处所清洁无杂物，橱柜门锁闭良好。③按出库卫生标准验收分管车厢卫生质量，对车内卫生进行补强。④商务座车乘务员确认车内广播关闭情况，发现未关闭广播时，及时汇报列车长。⑤商务座车、一等座车乘务员领取服务备品、免费食品、饮料，做好清点交接，定位摆放。⑥做好始发站立岗，迎接旅客上车，引导旅客就座。

3. 开车后运行中列车员应做的工作

（1）车动关门加锁，面向站台行注目礼至出站台。

（2）列车出站台四门检查瞭望，落实自检、互检制度。

（3）列车出市区后打开厕所。

（4）巡视车厢，随时整理行李架、衣帽钩。

（5）做好旅客去向登记，对重点旅客做到“三知三有”（知位置、知到站、知困难，有登记、有服务、有交接）。

（6）送水做到不接杯不倒、档子里不倒、过道岔不倒。

（7）及时清理车内卫生，做到随脏随扫。

4. 中途到站前列车员应做工作

（1）非集便器厕所的列车停车超过 3 分钟时，提前 5 分钟锁闭厕所。

（2）在本车厢及相邻车厢通报到站，提前出场。

（3）组织下车旅客提前在车门口等候。

5. 停站时列车员应做工作

（1）提前到岗，确认站台。试开车门（塞拉门除外，试开车门时开启车门缝隙不超过 10 厘米，确认车门状态良好后立即关闭），停稳开门，脚踏板卡簧入槽，高站台停车 4 分钟以上放置安全渡板，悬挂警示带，擦手把杆，组织乘降，验票上车。扶老携幼，防止旅客上错车。查堵“三品”，杜绝危险品上车。

（2）在规定的投放站投放垃圾。扎口放在风雨棚立柱下，无风雨棚立柱时，放在安全白线以外，不外溢、不洒落。

（3）铃响车动锁闭车门，面向站台行注目礼至出站台。

• 小贴士 •

列车行程作业提示图解如下：

济南站—乌鲁木齐站				
作业提示	Z105 次	站名	Z106 次	作业提示
	运行时分		运行时分	
㊢ 危 班 投（圈字）	22:02	济南	08:15	投（圈字）

续表

济南站—乌鲁木齐站				
作业提示	Z105 次 运行时分	站名	Z106 次 运行时分	作业提示
	22:46 49	泰山	20 07:17	
㊀投	23:39 45	兖州	26 06:23	危 投
投 水 换	01:39 02:00	徐州	47 04:26	投 水 危 班
投 水 班	04:45 52	郑州	37 01:29	投 水
投 危 票	06:16 19	洛阳		
投 水	10:55 11:03	西安	33 19:25	投 水 票 危 班
投 水 班	12:36 42	宝鸡	55 17:43	投 水
投 水	14:15 21	天水	15:01 14:54	投 水 班

作业提示：水 上水站；投 垃圾投放站；票 查票起始站；危 查危起始站；班 换班站；换 换挂机车站及转向站。

6. 列车员夜间作业包括内容

（1）入夜前，硬席进行夜间旅客去向登记，向重点旅客介绍注意事项：

卧车清理铺位，车内无闲杂人员。

（2）打扫地面，清理杂物，垃圾装袋，清扫工具隐蔽存放。

（3）整理车容。卧车闭合窗帘，关闭顶灯，开启地灯。

（4）卧车锁闭端门，保持车内安静，加强巡视，坐边座值岗。

7. 列车员晨起作业包括内容

（1）暖瓶满水放至卧铺档子内。

（2）冲刷厕所，清理电茶炉，保持清洁、无杂物。

（3）清理洗面池、照面镜、茶桌、窗台、窗沿、拉开遮光帘，挂摆一致。保持洗脸间、厕所、连接处干燥、无杂物。

（4）清扫地面、通过台、连接处。垃圾装袋。

8. 列车员出乘折返站作业规定

（1）组织旅客下车、进行转座椅和保洁作业。车门口加强安全宣传和秩序组织。遇有雨雪天气时，注意车门口乘降安全，防止旅客滑倒摔伤。车厢内发现滞留旅客，及时提醒并组织其下车。

（2）终到后垃圾袋封口、定点投放；无指定位置时，投放在安全白线外。

（3）列车终到后对负责车厢进行全面巡视检查，发现旅客遗失物品和设备故障时及时报告列车长。

（4）整备车容、备品定位摆放；监督折返站保洁做好车内卫生整备。

（5）做好立岗准备，迎接旅客上车，引导旅客就座。

（6）折返站集体列队走安全走行线入住公寓，途中加强安全自控、互控。入寓后参加退乘会，会后领取个人手机。

（7）折返站公寓待勤期间，严禁私自外出，特殊情况需外出时，必须向列车长请假，办理零星假请销假手续，经同意后方可外出，按规定时间返回销假。

9. 列车员出乘中途换班作业规定

（1）按规定位置对岗交接。

（2）交班班组目送列车，直至列车启动驶离站台。

（3）交班班组站台列队集合，听取列车长趟车评定。

（4）接班班组接车后比照途中作业进行。

10. 列车员出乘终到退乘作业规定

（1）提前1小时进行终到作业，提前10分钟锁闭厕所。

（2）卧车到站前换发车票。收回卧铺牌。

（3）对所负责车厢进行全面巡视检查，发现旅客遗失物品和设备故障及时报告列车长。

（4）备品分类打包，定位放置，做好备品入库存放准备。

（5）全面清理车内卫生，旅客下车完毕后按规定投放垃圾。

（6）列队到派班室退乘，参加退乘会。

（7）趟车乘务工作结束退乘后领取手机。

项目理论作业

1. 列车员岗位职责有哪些？
2. 列车员的能力要求包括哪些？
3. 列车出发列车员出乘规定有哪些？
4. 列车终到列车员应做哪些工作？

项目实作训练

动车组列车上旅客不配合验票

1. 任务实施

模拟动车组列车在运行途中，列车员验票，旅客不理解、不配合，列车乘务员应如何面对？

2. 训练提示

（1）列车乘务员要注意宣传用语：“为了了解旅客的去向，更好地为旅客服务，现在开始核对席位”，并对旅客的配合表示感谢。

（2）个别旅客不配合时，列车乘务员要注意站在旅客的立场上解释：

“先生，您讲的是对的，席位核实是为了我们了解您的乘车信息，方便为您提供更准确的提示服务，请您理解和配合，谢谢！”

（3）如这样处理，个别旅客仍不配合的话，就大度一点，放过去，不要为一个人把自己的工作情绪破坏。

（4）对个别旅客不配合，并且不能确定他有票，在解释无效的情况下，列车乘务员不能发火，应等乘警和列车长亲自来查验。

3. 教学评价

项目四	铁路旅客运输列车服务工作		
任务 3	列车员服务工作		
考核内容		分值	考核得分
1. 模拟训练过程学生的认真态度与团队精神		20	
2. 安抚乘客的语言流畅、紧凑，效果好		20	
3. 组织过程合情合理且周密		20	
4. 处理问题时配合得好，且符合实际情况		20	
5. 整体效果好		20	
总体得分			
教师简要评语： 教师签字：			

任务4 餐车服务工作

情景导入

列车服务工作的内容是为满足旅客在旅行中的行、吃、购等方面的需求，餐车服务就必不可少了。列车上的餐饮服务人员接受列车长的统一领导和指挥。餐饮人员上岗前须经过考核和培训，持证上岗。

一、餐车服务人员组成

餐车服务人员一般由餐车长、厨师、炊事员、服务员组成。

二、餐车服务人员岗位职责

1. 贯彻执行有关安全生产及旅客运输的规章制度、命令、指示，服从列车长指挥，落实上级布置的各项工作。

2. 负责餐饮、商品供应，以满足旅客需求；确保饮食安全，做好旅客服务、接待工作。

3. 负责餐车区域卫生保洁，设备检查和安全管理。

4. 负责按规定向“三乘人员”或“六乘人员”供应乘务餐。

5. 非正常情况下，协助列车长实施应急预案。

6. 负责落实首问首诉负责制。

• 小贴士 •

高铁上餐车的位置

列车餐车的位置因车型或编组有差别，一般在列车中部。单列8节车厢，餐车在第5号车厢。如有双车重联（16节车厢）则5号与13号为餐车。单车长编16节车厢，餐车在9号车厢。

三、餐车经营原则

1. 认真贯彻执行国家政策和法令，做到面向旅客，经济实惠，保质保量，适应需要。

2. 在保证供应的基础上求质量，以照顾大多数旅客的饮食需求为主，适当兼顾各方面的需要。

3. 本着保本微利的原则，为旅客服务，为国家建设积累资金。

4. 全面服务、重点照顾，尊重少数民族和外籍旅客饮食习惯、禁忌避讳。

四、餐车经营标准

1. 餐车要求

（1）经营证照齐全有效，经营项目、收费价格公开，无只收费不服务行为，可提供发票。

（2）储藏室（柜）、冰箱、吧台、橱柜等处不随意放置私人物品。餐料、商品在餐车储藏室（柜）、冰箱内等处所定位放置，不占用旅客使用空间。

（3）食品加工用具（刀、板、墩、盆、桶）、生与熟、成品与半成品等按标记使用。冰箱使用垫布、盖布，并分别按生熟标记、存放。

（4）厨房有防蝇、防尘、灭鼠措施。

（5）有符合要求的洗消设备和消毒药品，炊、餐、茶、酒具清洁、消毒合格。

（6）销售无包装直接食用的食品时有防蝇、防尘措施，加盖洁净、消毒合格的苫布（盖），不徒手接触食品。

（7）厨房门要悬挂印有“非工作人员禁止入内”字样的挡帘。除检查等工作必须外，非餐车工作人员不得进入餐车厨房。

（8）餐车刀具和锅铲等可移动铁器定人管理，定位隐蔽存放，使用完毕后及时归位。

2. 经营行为规范，文明售货，不捆绑销售商品。销售人员不在车内高声叫卖、危险演示，销售过程中主动避让旅客。夜间运行时，不得进入卧车销售，座车可根据情况适当延长或提前销售时间，但不得超过 1 小时。售货（饭）车美观整洁，四周有防撞胶带（条），制动装置作用良好，有经营单位审定的价目表。

3. 供应品种要多样化，有高、中、低不同价位的饮用水、盒饭等旅行食品。同时要尊重外籍旅客和少数民族的饮食习惯。

4. 不出售无生产单位、生产日期、保质期和过期、变质的食品，以及口香糖等严重影响列车环境卫生的食品。

五、餐车经营范围

1. 餐车供应以快餐为主，适当供应部分单炒菜，兼营商品。还可以根据季节和客流特点，开展夜宵、冷饮等延伸服务。

2. 列车售货组主要供应食品为主，兼售烟、饮料、水果等商品，一日三餐，每餐的供应根据旅客的需求来安排。一般来说，进京、进沪和出入特区的列车以中档为主，根据旅客需要也可供应高档品种，其他列车以中、低档相结合供应。

• 小贴士 •

列车编组 14 辆以上，售货（饭）车总数不超过 4 辆；不足 14 辆的不超过 3 辆。一节车厢内同时经营的售货（饭）车不超过 1 辆，经营过程中人车不得分离。非经营期间，售货（饭）车定位制动存放。

六、餐车经营业务管理

1. 餐车在乘务中接受列车长的统一领导，但在业务经营上由餐车长负责，餐车长全面领导餐车业务，按照供应政策、原则及上级有关部门供应业务经营管理办法执行。

2. 餐车领班厨师在餐车长的领导下，负责后厨的全部财产责任，出乘前做好请领餐料单。认真执行各项制度，具体掌握调剂供应品种、投料标准、销售价格，以及组织餐车厨房人员提高烹饪技术。

3. 餐车服务员、炊事员除完成餐车长、领班厨师分配的工作任务外，根据岗位责任制的分工，质量良好地完成各自任务。

七、餐车饮食卫生制度

1. 由原料到成品实行“六不”制度

（1）采购员不买腐烂变质的原料。

（2）保管验收员不收腐烂变质的原料。

（3）厨师不用腐烂变质的原料。

（4）服务员不卖腐烂变质食品。

（5）不用手直接拿食品。

（6）不用废纸包装餐品。

2. 成品食物存放实行“四隔离”制度

（1）生与熟隔离。

（2）成品与半成品隔离。

（3）食品与杂物隔离。

（4）食品与天然冰隔离。

3. 用（食）具实行“四过关”制度

一洗、二刷、三冲、四消毒。

4. 环境卫生采取“四定”制度

定人、定物、定时间、定质量，划片分工、包干负责。

5. 个人卫生做到“四勤”制度

（1）勤洗手，勤剪指甲。

（2）勤洗澡、理发。

（3）勤洗衣物。

（4）勤换工作服。

八、餐车经营茶座的有关规定

报集团公司客运处审批后，餐车可以开办经营性休闲茶座。

1. 隶属客运段旅行服务部门，由所在班组餐车负责经营。

2. 以新型空调特快、快速旅客列车为主，其他旅客列车具备条件的可比照办理。

3. 消费者自愿。

4. 购买休闲茶座票的旅客必须持有效车票。

5. 经营项目、内容、收费价格、使用票据等符合国家法律法规规定。

6. 开办的项目、服务内容、收费价格公开，明码标价，保证专人为休闲茶座服务，兑现服务承诺，杜绝变相卖座和只收费不服务。

7. 休闲茶座营业时间为 22：00 至次日 6：00。

8. 办理休闲茶座时，须留出不少于 2 个餐桌席位。

9. 接受旅客监督，公布受理旅客投诉的部门、通信地址、电话号码。

案例分析

全力解难，感动旅客

2021 年 2 月，G120 次列车正点运行。由于 G106 次列车故障，车上有部分旅客是从 G106 次列车改签过来的，造成 G120 次列车二等座车和餐车已座无虚席。一位青年旅客怒气冲冲地找到列车长质问：“同样是改签的无座车票，为什么有人有座有人无座呢？”列车长说：“对不起，今天是周末，我们这趟列车客流比较大，空余座位不多，由于故障列车改签过来的旅客较多，我们先满足老、幼、病、残、孕等重点旅客，造成您目前没有座位，我向您表示歉意。”这位青年旅客仍不依不饶：“我现在也不舒服，你也得给我安排座位！”一位抱着小孩的妇女看到这一情景，主动让座，但这位青年根本不领情，非要列车长安排座位，列车长让列车员小王先给这位青年旅客倒了一杯热茶，安抚其情绪，自己查看站车无线交互系统，发现有一位旅客刚好下一站下车，还有十几分钟就到站了，于是安排这位青年旅客在其旁等候。列车在快到终点站时，该青年旅客主动找到列车长致歉："看到你们忙忙碌碌地安排座位，照顾老人孩子等，很是感动，刚才是我态度不好，错怪你们了。"

九、餐车经营价格

餐车经营要遵守公开、公平、公正和诚实信用的市场原则，合理定价，自觉维护价格秩序，向旅客提供质价相符的服务。

1. 毛利率规定

（1）自制的主食品、冷热菜、酒水、饮料等饮食品的综合毛利率最高不得超过 55%，其中制作简单、不提供就餐场所的盒饭等饮食品毛利率最高不得超过 45%，包装盒价格按进价单独计算，不计入原材料成本。

（2）外购食品、饮料、酒水等差价率不得超过 50%。

2. 餐车经营价格

（1）自制饮食品销售价格 = 原材料成本 /（1 — 毛利率）

原材料成本包括主料、配料、调料和燃料，其中燃料费原则上按主料、配料、调料总和的 5% ~ 10% 比例计算。

（2）外购饮食品销售价格 = 进价 ×（1 + 差价率），进价按实际进货价格确定。

知识链接

列车餐车上是如何制作食物的

通常，列车开行前，餐车厨师会依据行车时长、客流量和乘客的类别，大致预估用餐人数，列出所需的食材量。一般情况下，餐车厨师会按乘车人数的 10% 进行准备。为保证食品安全，列车餐车上的所有食材，都需要通过客运段旅服车间统一购买，在列车发车前，再从仓库配送到列车上。

为了保证食材新鲜，同时考虑列车厨房狭窄、晃动，不易操作的原因，肉类食品通常在配送前会进行半加工，然后采取速冻处理，分类分量密封包装，送上列车后，储藏在冰柜中。而对于蔬菜，一般则只会准备当天所需的，对于行车时间较长的列车，则在途中根据实际，再在沿途的固定站点进行补充。

如何在晃动中的列车上炒好菜，对于每个列车上的厨师都是一个考验。如果不适应列车的晃动，转眼间一锅的食物或许就会打翻。而另一方面，餐车厨房狭窄的空间，也让厨师难以施展手脚。整个厨房的宽度还不到三米，除了两边的灶台和加工台面，就只剩下半米不到的过道了，两人相向而过时，便只有侧身而行。正因如此，餐车上的厨师往往需要身兼数职，既要洗菜，又得炒菜，最后还得负责打扫卫生。

此外，为了保障列车安全，餐车上的厨房还有不少特别的要求，比如炒菜时，用油量不能超过锅具三分之一的位置，也不能在列车上大量油炸食品及炼油。各种各样的限制，以及有限的食材，让列车上的厨师难以与餐馆里的厨师进行一样的操作。

知识链接

济南铁路客运段餐车饮食供应

作业项目	作业内容	作业标准
饮食供应	餐料管理	1. 始发前，根据线路情况和销售计划组织人员上餐料、备品、餐具。餐料充足，餐具备品完好齐全，放置规范 2. 始发站，督促后厨人员餐料初步加工 3. 根据返乘需要，及时补充餐料 4. 核对上货单及商品 5. 执行“四隔离”制度：生与熟隔离，成品与半成品隔离，食品与药物、杂物隔离，食品与天然冰隔离

续表

作业项目	作业内容	作业标准
	供应乘务餐	1. 接车后，向列车长征询本班次用餐人数，会同厨师、列车长拟订当趟乘务饭菜谱 2. 饭菜按预定计划按标准投料，按操作程序烹调，精切细做 3. 使用专用餐具为乘务员供餐
	供应餐食	1. 始发后，到车厢为旅客订餐。途中，组织服务员送快餐到车厢 2. 主动引导旅客就座、提供菜单，问餐。售票到座，服务到桌，收票上菜唱收唱付，提供正规发票，托盘上餐具、上饭菜、撤餐具，上菜报菜名，餐后有送语 3. 检查服务员餐前准备和后厨饭菜制作准备情况，分配服务员看台 4. 夜宵供应，指派专人出售夜宵，查验车票，旅客到站做好记录并提前通告 5. 售饭车前端悬挂价格表 6. 实行全日不间断营业，精工细做，质价相符。饭菜做到“三热”（饭、菜、汤），“四好”（色、香、味、型）。服务做到“三同到”（饭、菜、汤同到），“三不端”（量不够、凉了、不卫生不端），“五勤”（眼勤、耳勤、口勤、腿勤、手勤），“三声”（来有问声、问有答声、走有送声），餐具摆台、上菜顺序正确 7. 根据供应品种准备各种餐具、餐券和菜谱，公示价目表

项目理论作业

1. 餐车服务人员岗位职责有哪些？
2. 餐车经营标准是什么？
3. 餐车经营范围包含什么？

项目实作训练

处理乘客食品投诉

1. 任务实施

某日，某次列车上有一位乘客对食品质量不满，欲找列车员要投诉电话，作为餐车工作人员该如何处理？

2. 训练提示

（1）认真倾听并表示感谢。

（2）说明感谢的理由。

（3）马上真诚地道歉，立即复述并认同。

（4）做出承诺，立刻改进。

（5）遵循旅客的合理意见。

（6）迅速改进并回应。

（7）确认旅客的满意度。

3. 教学评价

<table>
<tr><th>项目四</th><th colspan="3">铁路旅客运输列车服务工作</th></tr>
<tr><td>任务 4</td><td colspan="3">餐车服务工作</td></tr>
<tr><td colspan="2">考核内容</td><td>分值</td><td>考核得分</td></tr>
<tr><td colspan="2">1. 模拟训练过程学生的认真态度与团队精神</td><td>20</td><td></td></tr>
<tr><td colspan="2">2. 安抚乘客的语言流畅、紧凑，效果好</td><td>20</td><td></td></tr>
<tr><td colspan="2">3. 组织过程合情合理且周密</td><td>20</td><td></td></tr>
<tr><td colspan="2">4. 处理问题时配合得好，且符合实际情况</td><td>20</td><td></td></tr>
<tr><td colspan="2">5. 整体效果好</td><td>20</td><td></td></tr>
<tr><td colspan="3">总体得分</td><td></td></tr>
<tr><td colspan="4">教师简要评语：

教师签字：</td></tr>
</table>

项目五

旅客投诉

项目描述

任何一个组织，包括企业、政府机关、非营利机构，只要提供产品或服务，都有可能遇到投诉。铁路运输企业作为一个服务性行业，再加上其公共交通的特性，自然也不可避免地遇到投诉。正确认识、妥善接待和处理投诉是良好的企业形象和一流企业管理水平的体现。因此，作为直接面向乘客的服务人员，尤其需要掌握投诉处理的相关知识，处理好乘客投诉，以提高企业运营服务质量，切实维护铁路运输企业的声誉。

学习目标

知识目标

1. 分析乘客投诉的原因。
2. 掌握乘客投诉的类别。
3. 掌握处理乘客投诉的基本原则。
4. 掌握乘客投诉处理流程。
5. 掌握处理乘客投诉的技巧，正确处理投诉。
6. 掌握减少投诉的工作要点。

技能目标

1. 具备与乘客良好沟通的技能。

2. 具备一定应急处理的技能。

素养目标

1. 通过学习，培养学生周到服务的意识。

2. 通过实训内容，培养学生爱岗敬业，顾全大局，团结互助的能力。

任务1 认识旅客投诉

一、旅客投诉概述

当旅客选择乘坐铁路交通工具时，对出行本身和运输企业提供的服务质量、服务设施、服务环境等都抱有良好的愿望和期望值。如果这些愿望和要求得不到满足，心理就会不平衡，由此产生抱怨和不满。

二、旅客投诉的外部环境因素

1. 文化背景的影响

在不同的文化背景下，人们的思维方式、做事风格不同，因此旅客投诉行为也存在差异。在集体主义文化中，人们的行为遵从社会规范，追求集体成员间的和谐，对事物的态度取决于是否使个人获得归属感，是否符合社会规范，能否保持社会和谐。因此，当他们遇到不满意的事情时，更倾向于在私下抱怨。而在个人主义文化中，人们追求独立和自足，喜欢通过表现自己的与众不同，表达自己的内心感受，来实现自我尊重。因此，当他们遇到不满意的事情时，更倾向于投诉。

2. 服务的可替代性

当旅客有多种方式或服务选择的时候，他们在遇到不满的时候更倾向于转向其他服务而不是投诉。而在不满却又没有其他选择的情况下，旅客的不满就更容易转化为投诉。

3. 其他环境因素

一个国家或地区的生活水平和市场体系的有效性、政府管制、消费者援助等都会影响旅客的投诉行为。如在消费者权益维护机制非常健全的情况下，旅客可能更多地会转向消费服务的投诉，倾向于向权威机构或监管部门投诉而不是直接向企业投诉。

三、解决旅客投诉的对策

1. 加强企业文化建设

（1）围绕“以旅客满意为中心”构建企业文化，应加强企业文化的建设，彻底转换经营理念，调整企业价值取向，由过去的“唯我至上”转化为坚持“服务至上”“以旅客满意为中心”，抓好优质服务这条生命线建设。将“以旅客满意为中心”这一铁路企业建设的理念，作为企业服务文化建设真正落到实处，在企业内部形成浓厚的服务文化氛围。浓烈的服务文化积淀，使企业服务文化深入全体员工心灵，指导员工行为，提升员工服务素质，才能为“旅客满意”构建牢固的基础。

（2）加强职工业务技能培训，提高服务质量。通过举办各种业务和服务技能培训班，提高职工业务能力和服务技巧；开展各项劳动竞赛，激励各种优质服务人才，带动全体员工提升服务质量。

（3）制定科学严谨的作业标准，做到事事有标准，严格落实标准化和规范化服务，减少随意性，进而减少或降低旅客投诉的发生。

2. 鼓励旅客投诉

有关研究表明，不满意的旅客中，只有 5% 会向企业投诉，其他 95% 的旅客则会停止购买，转向其他供应商。妨碍旅客投诉的原因是多方面的：投诉成本过高（包括时间、精力等）；不知道如何投诉；不清楚企业提供的产品或服务应达到什么标准等。企业要改进服务质量，赢得旅客青睐应采取相应的措施，鼓励旅客投诉。

（1）为旅客投诉提供方便

①降低投诉成本。企业应尽可能降低旅客投诉的成本，减少其用在投诉上的时间、精力、货币与心理成本，使旅客的投诉变得容易、方便和简捷。例如，在（候车室或售票厅）车站设置旅客投诉点（中心），能够让旅客在第一时间就能发现投诉的场所，方便旅客投诉。

②实行首诉制。授权现场每一名职工，对所遇到的每一项旅客投诉，都有职责处理好相关事宜，直至旅客满意为止。

（2）及时有效处理投诉

发生旅客投诉后，应迅速处理旅客投诉，尽可能让旅客满意。研究表明，企业如果能当场为旅客解决问题，95% 的旅客以后还会再次选择铁路运输产品；如果事后再解决，处理好则会有 70% 的旅客再次选择铁路运输；若企业对投诉问题的反应时间超过 4 周或更长，旅客的满意程度会降低一半以上。因此，及时处理投诉往往能赢得旅客的青睐。

四、旅客投诉的利用

旅客投诉发生后，经过处理并不是事情的结束，更重要的是要对投诉进行分析，制定今后的防范措施，以便企业更好地发展。

1. 建立旅客投诉表制度，对旅客投诉问题进行记录和分析，以便于组织学习

在旅客投诉表中，企业设置专门的部门和人员根据旅客投诉问题的业务领域进行分类，每大类下再进行细分，确保旅客投诉信息在运输企业内部的流动和传递，提高企业对旅客投诉信息的利用效率。

2. 完善投诉信息的分析和利用

投诉信息的分析和利用不仅有利于投诉个案的解决，从长远看，还有助于建立和完善提升旅客满意度的运营系统，促进企业实现以旅客为导向的经营方式。此外，投诉信息的分析还具有预警的作用，它能够比传统的市场调

研更快速、更低成本地反映企业存在的问题及其趋势，因此，需要对多次出现投诉的工作环节进行重点改进。根据木桶理论，提高“短板”的服务水平是提升整体工作质量的最有效途径，旅客经常投诉或抱怨的环节正是管理上薄弱的“短板”环节。

项目理论作业

1. 旅客投诉的概念是什么？
2. 解决铁路旅客投诉的对策什么？

项目实作训练

1. 训练目的

通过训练提高应对投诉的理论基础。

2. 训练要求

熟练掌握投诉的相关理论知识。

3. 任务实施

小组讨论学习，熟练叙述投诉的相关理论知识。

4. 教学评价

项目五	旅客投诉	
任务 1	认识旅客投诉	
考核内容	分值	考核得分
1. 叙述旅客投诉概念	20	
2. 剖析旅客投诉的原因与心理分析	20	
3. 提出解决旅客投诉的详细对策	20	
4. 针对旅客投诉提出工作整改意见	20	
5. 仪容仪表	10	
6. 语言表达	10	

续表

项目五	旅客投诉		
任务 1	认识旅客投诉		
考核内容		分值	考核得分
总体得分			
教师简要评语： 教师签字：			

任务 2 处理旅客投诉的基本流程

情景导入

某日，原告叶某在被告南京西站购买了两张 9 月 11 日到龙潭的火车票，票价计 5 元整。票面载明：南京西至龙潭，9 月 13 日 335 次 7 时 12 分开。9 月 13 日上午，原告叶某等二人持票乘上 335 次列车。当原告发现该列车经过龙潭站未停靠时，急忙向 4 号车厢列车员询问。列车员查看车票后，答复原告：335 次列车在龙潭站不停，该票系南京西站误售。列车到达镇江站，原告下车后，急于返回龙潭，从镇江乘出租汽车，于当日 11 时到达龙潭。汽车票价合计为 15 元。9 月 14 日，原告到被告南京西站要求赔偿经济损失。被告承认误售车票，但拒绝赔偿原告的经济损失。

一、处理旅客投诉的心态准备

1. 重视投诉

旅客的投诉大多是刺耳尖锐的、直接的、不留余地的。许多客运服务人员把投诉当成一个“烫手山芋”，希望最好不要发生。可是对于运输企业来说，没有投诉却未必是件好事情，因为投诉往往可以暴露服务中的薄弱环节。

2. 欢迎投诉

旅客的投诉有利于运输企业去回顾和检查在客运服务中的不足之处。在处理投诉的过程中，客运服务人员可以向旅客解释企业的相关规定和标准，从而使旅客和企业之间能够更好地相互理解和沟通。因此，作为客运服务人员，既不要对投诉感到尴尬，也不要有畏惧和抵触的心理。

二、把握好处理投诉的原则

1. 旅客至上的原则

旅客至上的原则，要求高速铁路客运服务人员对进行投诉的旅客不能有丝毫的怠慢和无礼。

接到旅客投诉，首先要站在旅客的立场上考虑问题，要有“应该是我们的工作没有做好，给旅客带来了麻烦”的心理准备。同时我们还要相信，旅客的正常投诉总有一定的理由，这是一个非常重要的服务观念，有了这种观念，高速铁路客运服务人员才能用平和的心态处理旅客的抱怨，并且会对旅客的正常投诉行为给予感谢。

2. 承担责任的原则

很多铁路客运服务人员面对旅客的投诉，第一反应是：“我是不是真的错了”“如果旅客向上投诉，我应该怎么解释”。一旦有了这种想法，铁路客运服务人员在接到旅客投诉时会把自己放在旅客的对立面。往往第一句话就会说：“如果真是我的错，我一定改正并帮助您解决。”这看似很有礼貌，但却是一个十分糟糕的开头，因为这种说法将自己的角色定位在第三者，而不是代表当事人，同时也不利于缓和旅客激动的情绪。铁路客运服务人员必须清楚地认识到：旅客的投诉有时只是想从客运服务人员那里得到心理安慰，寻求受重视的感觉。

3. 隔离当事人的原则

隔离当事人原则是指一旦遇到旅客投诉，要尽快做到“两个隔离”，一是将投诉人与身边的其他旅客隔离，以免旅客之间相互影响；二是将投诉人与被投诉人隔离，避免事态进一步恶化。这样一方面显得尊重投诉人，另一方面也能缓和投诉人的情绪。

4. 包容旅客的原则

包容旅客，是指铁路客运服务人员对旅客的误解及无故的指责要给予理解的态度，包容旅客的核心是善意的理解。误解本身是一种错误的认识，只要给予旅客善意的理解，误解就会消除。然而，现实中误解的消除并不那么简单，如果铁路客运服务人员发现旅客对自己的看法是完全错误的，那么就有辩解和澄清的强烈要求，这种“自我保护”的心理，在双方交往过程中具有排斥和缺乏善意的特点，这也是导致误解上升为冲突的根本原因。

5. 息事宁人的原则

息事宁人就是要求在处理旅客投诉的时候放弃一些自己的观点，避免将事情闹大。换句话说，息事宁人的实质是一种退让和自我利益的牺牲，是较高道德修养和心理素质的表现，它有利于紧张状态的缓和，是避免激化矛盾的基本原则之一。但是，这种妥协并非是无原则的，应该是以不损害企业利益为前提的一种让步。

三、接待投诉的规范要求

首先，进行自我介绍，如姓名、职务。其次，保持冷静理智，设法消除旅客的怨气。如果旅客是电话投诉，那么就可以先问问旅客现在在哪里、是否需要帮助等。聚精会神地聆听旅客的投诉，让旅客把话说完，切勿胡乱解释或随便打断旅客的讲述；旅客讲话时，要表现出足够的耐心，决不随旅客的情绪波动而波动，即使遇到一些故意挑剔、无理取闹的旅客，也不要大声争辩，而要耐心听取意见，使事态不至于扩大或影响别的旅客。如果旅客在窗口投诉时发生吵闹或喧哗，应将该旅客与别的旅客分开，请其到别的地方进行沟通处理，以免影响其他旅客或造成围观；与旅客讲话时要注意语音的大小和语调的高低；在处理投诉时不必遵循微笑服务的原则，以免旅客认为我们是在“幸灾乐祸”；做好旅客投诉登记。应使旅客感觉受到尊重，从而减少对抗情绪；对旅客反映的问题要立即着手调查和处理，切勿轻易做出权利范围外的许诺。

知识链接

接打电话常用的礼貌用语及不规范用语

情景	不规范用语	礼貌用语
向别人问好时	喂?	您好!
自报家门时	我是 ××。	我是 ×× 公司 / 单位 ×× 部门的 ××。
询问别人姓名时	你叫什么?	请问您能告诉我您的姓名吗?
询问对方身份时	你是谁?	请问您是?
需要对方联系电话时	你电话多少?	能留下您的联系方式吗?
叫别人等待时	你等一下。	请您稍等一会儿。
暂时不方便接听电话	挂了，我还有事。	我需要点时间处理一下问题，稍后给您回电，您看可以吗?
需要找另外一人听电话时	让 ×× 接电话。	可以麻烦您让 ×× 听一下电话吗? 谢谢!
询问对方打电话的目的时	你打电话的原因是什么?	请问您有什么事吗?

续表

情景	不规范用语	礼貌用语
没听清对方说话时	什么？再说一遍？	不好意思，这边有些吵我没有听清，请问您可以再说一次吗？
对方说方言听不懂时	听不懂，说普通话。	对不起，请您讲普通话好吗？谢谢！
问有某事时	有什么事？	请问您有什么事？
人不在时	他没在。	不好意思，他现在不在这里，如果您有急事，我能否代为转告？
对询问的问题不了解情况，解答不了时	我不懂，不管我的事。	您所提的问题我会转至 ×× 部门的同事那里，让他给您做专业的解答，您看可以吗？
做不到交代的事情时	这可不行。	很抱歉，没有照您说的来办。 不好意思，这个我们可能办不到。
承诺别人不会忘记某事时	我忘不掉的。	请放心，我一定不会忘记的。
结束电话时	你说完了吗？我可以挂电话了吗？	请问您还有其他的事情吗？请问您还有其他事情吩咐吗？

四、处理旅客投诉程序

1. 接受投诉后，应作礼节性的道歉（当然也要视实际情况而定）。

2. 进行录像回放查询和实地调查，尽量在最短的时间内给旅客以明确的答复。

3. 处理比较严重的旅客投诉，还必须向上级领导汇报。

4. 投诉问题解决后，要向旅客询问其对处理结果是否满意，并要真诚地向旅客致谢，感谢旅客提出的宝贵意见。

5. 如果问题当天无法解决，要留下旅客的联系方式，等调查处理后给旅客一个满意的答复。

五、旅客投诉对策分析

1. 正确认识旅客的投诉

（1）失误是难免的。不管一家铁路企业的经营管理多么完善，也不论铁路服务人员怎样尽心尽力，要想在服务中使每一位旅客时时处处都感到满意，恐怕也是难以做到的。

（2）旅客的投诉是一把“双刃剑”。旅客的投诉一方面可能会刺激、伤害服务人员；但另一方面，旅客的投诉对铁路企业来说又是极其宝贵的信息来源，也能给铁路企业带来一些好处。

①旅客的投诉可以反映出铁路企业在管理、食品及服务方面的缺点，从而促使铁路企业改进工作、提高服务并进一步增强铁路的市场竞争力。

②如果旅客的投诉能够获得满意的解决，将增加旅客对铁路企业的正确评价，降低对铁路企业的负面影响。

（3）要能够区别投诉和“挑刺”。

2. 处理投诉的服务人员素质要求

（1）要树立正确的指导思想。

（2）具备良好的职业道德和公关意识。

（3）掌握丰富的业务知识。

（4）高超的语言艺术。

3. 处理旅客投诉的一般对策

（1）对旅客的投诉耐心倾听，弄清真相，不急于辩解反驳或埋怨别的部门。

（2）以诚恳的态度向旅客道歉。

（3）区别不同情况，在旅客同意的情况下做出恰当的处理。

4. 处理旅客投诉的具体步骤

（1）不要与旅客争论、辩解。

（2）认真聆听。

（3）真诚道歉。

（4）立刻采取措施。

（5）感谢旅客的批评指教。

（6）将补救措施立即付诸行动。

（7）要落实、监督、检查对旅客的投诉的具体解决措施。

项目理论作业

1. 处理旅客投诉的原则是什么？

2. 处理旅客投诉的程序什么？

3. 处理旅客投诉的具体步骤是什么？

项目实作训练

1. 训练目的

通过训练提高应对旅客投诉的能力。

2. 训练要求

熟练掌握处理旅客投诉的相关程序和步骤。

3. 任务实施

小组模拟演练，熟练掌握处理旅客投诉的相关程序和步骤。

4. 教学评价

项目五	旅客投诉		
任务 2	处理旅客投诉的基本流程		
考核内容		分值	考核得分
1. 叙述处理旅客投诉的原则		20	
2. 演练应对乘客投诉的程序		20	
3. 演练应对乘客电话投诉的步骤		20	
4. 针对旅客投诉总结应对流程		20	

续表

项目五	旅客投诉	
任务 2	处理旅客投诉的基本流程	
考核内容	分值	考核得分
5. 仪容仪表	10	
6. 语言表达	10	
总体得分		
教师简要评语： 教师签字：		

任务 3 旅客投诉的处理技巧

情境导入

原告刘某某和爱人在山海关火车站购买了两张 9 月 19 日 529 次（山海关至大连）旅客列车的硬座客票。山海关火车站售票人员误售给原告两张 9 月 16 日的 529 次客票。原告立即声明时间不对。山海关火车站售票人员随后给原告补了两张 9 月 19 日的签证票，并告知原告客票与签证票合并使用才有效。9 月 19 日，原告刘某某和其爱人乘上 529 次旅客列车。上车后，529 次旅客列车列车长及列车有关人员在验票时认为，原告所持车票有效期只能到 19 日 24 时，如果到大连则需要再行补票。原告刘某某又补了两张沈阳至大连的客票，票款 84 元。原告认为，其持有有效客票，中途不应当再行补票，补票使其在乘车期间精神上受到伤害。故以此为理由起诉至大连铁路运输法院，请求判令被告大连铁道有限责任公司退回补票款 84 元，赔偿误工损失等 200 元及精神损失费 200 元。

本案是一起因铁路车站误售旅客列车客票，持票旅客上车后重新补票造成的铁路旅客运输纠纷。案件的事实简单、清楚，纠纷的关键在于应由谁承担本案的过错责任。虽然车站在误售客票后以签证的方式进行了弥补，但这种方式仍欠妥当。因为它毕竟会给旅客带来不必要的麻烦，铁路方面的值乘工作人员对此未作出正确理解。因此，这种误售应以车站方面收回误售客票，向购票人换发正确客票为适当。

一、处理投诉的技巧

处理投诉的总则：“先处理感情，后处理事件。”

1. 从倾听开始

倾听是解决问题的前提，在倾听旅客投诉时，不但要听他表达的内容，还要注意他的语调与音量，这有助于了解客户语言背后的内在情绪。同时，要通过解释与澄清，确保真正了解旅客的问题。听完旅客反映的情况后，要根据自己的理解向旅客解释一遍，通过认真倾听，向旅客解释他所表达的意思并请教旅客我们的理解是否正确，向旅客表明我们对他的尊重及真诚地想了解问题的态度，同时也给旅客一个机会去重申他没有表达清楚的地方。

2. 认同客户的感受

旅客在投诉时会表现出烦恼、失望、泄气、发怒等各种情感，我们不应把这些表现当作是对个人的不满，特别是当旅客发怒时，旅客只是把我们当成了倾听对象，旅客的情绪是理应得到重视和迅速、合理地解决的。要让旅客知道你非常理解他的心情，关心他的问题。我们只有与旅客同步，才有可能真正了解他的问题，找到最合适的方式与他交流，从而为投诉的成功处理奠定基础。说声“对不起”“很抱歉”并不表明真的犯了错误，主要是表明你对旅客不愉快经历的遗憾与同情。不用担心旅客会因得到你的认可而越发强硬，表示认同的话会将旅客的思绪引向关注问题的解决。

3. 为乘客提供帮助

当旅客正在关注问题的解决时，铁路工作人员表示乐于提供帮助，会让旅客感到安全、有保障，从而进一步消除对立情绪。待旅客的对立情绪消失后，再为旅客提供解决方案。

4. 解决问题

（1）为旅客提供选择。通常，一个问题的解决方案都不是唯一的，给旅客提供选择会让旅客感觉受到尊重。同时，实施旅客选择的解决方案时也会得到其更多认可和配合。

（2）诚实地向旅客承诺。能够及时地解决旅客的问题当然最好，但有些问题可能比较复杂或特殊，我们不确信该如何为旅客解决问题时，不要向旅客做任何承诺，而应诚实地告诉旅客情况并表示自己会尽力帮助旅客寻找解决问题的方法，但需要一点时间。然后与旅客约定好回复的时间，一定要确保准时给旅客回复，即使到时仍未帮旅客解决问题，也要准时打电话向旅客解释处理的进展，说明自己所做的努力，并再次与旅客约定回复的时间。

（3）灵活处理。在不违背相关规定的情况下，我们一定要积极为旅客着想，不要故意设置障碍。当事情无法处理时，要及时请示上级领导，尽量满足旅客的相关合理需求。

二、避免或减少投诉的措施

在工作中，处理投诉不是目的，而是要通过处理投诉，积累经验，避免今后产生类似投诉，或者减少类似投诉。

1. 强化铁路客运服务人员的教育培训

一是强化铁路客运服务人员“以旅客满意为中心”的服务意识教育。二是要强化铁路客运服务人员业务技能培训，提高服务质量。通过举办各种业务和服务技能培训班，提高职工业务能力和服务技巧。三是要开展各种劳动竞赛活动，激励各种优质服务人才，带动全体铁路客运服务人员提升服务质量。四是要落实作业标准和规范化服务，减少随意性，进而减少旅客的投诉量。

2. 全面提升服务水平

一是要加强市场调研，根据客流情况，不断提升服务质量，在运能上满足旅客的需要。二是充分发挥电话和网络的作用，多渠道为旅客提供服务信息。三是要加强宣传、引导，向旅客提供透明的铁路运行信息，特别是春运、暑运、节假日运输信息，以及列车大面积晚点、停运等非正常情况信息，对旅客进行宣传、引导显得尤为重要。四是车站、列车要为旅客提供一个优良、温馨、秩序良好的乘车环境，让旅客有宾至如归的感觉，从心理上消除旅客对车站、列车的对立情绪。五是铁路客运服务人员要严格执行服务作业标准和服务质量标准，热情、周到地为旅客服务。对重点旅客、弱势群体旅客、有特殊要求的旅客更应提供周到的服务。

3. 把投诉消灭在现场

一是在车站、列车上设置专门的旅客投诉席，能够让旅客在第一时间发现投诉的场所，方便旅客投诉。二是尽量在现场及时解决旅客的投诉，避免因旅客不满意，造成投诉升级。三是对旅客投诉进行统计分析，查找服务中的“短板”，进而提高整体服务水平。

旅客投诉为铁路提供了一次改正错误、重新赢得旅客满意的机会，认真对待旅客投诉，有助于从整体上提高铁路服务旅客的能力，全面提高旅客满意度。

三、应对投诉的服务工作技能、技巧

1. 文明服务语言

在与乘客沟通时，要讲普通话，服务语言表达规范、准确，口齿清晰。运用“请、您好、谢谢、对不起、再见”等文明用语。对外籍旅客可使用外语服务。对旅客、货主称呼得体，统一称呼时为“各位旅客、货主”；个别称呼时为“同志”“小朋友”“先生”“女士”“小姐”等；对外籍旅客可使用外语称呼。

（1）活用“十字”文明用语。一个“请”字温暖你和我；一个“谢谢”拉近你和我；一句“对不起”融洽你和我；一句“再见”铭记你和我。“您好”当头“请”在前，事后致“谢”有笑颜，失礼说声“对不起”，告别勿忘说“再见”。

（2）微笑服务。“言为心声，行为意表”，微笑是服务工作中蕴含“真、善、美”的语言。在微笑中，心灵得到了沟通，人格得到了升华，人情得到了融洽。说优美动听的“话”要练好四点：一是说话要和气；二是语调要委婉；三是表达要简洁；四是语言要风趣。此外，还应注意音质要清晰，音量要适度，音速要适宜，音调要适中，音色要优美。练好这几点，能使你的声音和谐、甜润动听，让旅客产生美感。

2. 提升服务专业技能

（1）尽量满足旅客需求，做到“三要、四心、五主动”。接待旅客要文明礼貌，纠正违章要态度和蔼，处理问题要实事求是；接待旅客热心，解答问题耐心，接受意见虚心，工作认真细心；主动迎送旅客，主动扶老携幼，主动解决旅客困难，主动介绍旅行常识，主动征求旅客意见。

（2）重点旅客特殊服务，做到“三知、三有”。知困难，知座席，知到站；有记录，有服务，有交接。对重点旅客应有针对性的特殊服务：

①对残疾旅客：尊重他的人格及自尊心，关心他的生活，观察他的需求，提供亲近又温馨的服务。

②对老、幼旅客：悉心照料，真诚关爱，做一名最佳听众，做一个大度的宽容者，做一名敬老爱幼的服务员。

③对孕妇：创造一个舒适的环境，合理安排饮食，安抚她的情绪，做好超前服务。

④对患病旅客：创造一个独特的爱心空间，广播找医生及药物控制病情，安抚病人的情绪，交站送医时做好嘱托及交接。

⑤旅客急难，灵活服务。服务中如遇有特别急难的旅客，要了解他们的具体困难和实际需求，给予真诚的关心，使服务具有人情味。

⑥旅客个性，巧妙服务。在服务中，如遇到个性强的旅客，应以真诚的态度和言行，商量提醒的口吻，平等、平和的语气，争取旅客的理解、支持和配合。

⑦旅客休息，无干扰服务。午休或晚上熄灯后，应保持车厢内安静，做到说话声音轻、走路脚步轻、开关门轻，努力营造一个温馨的休息环境，让旅客休息好。在其他时间内，如当旅客看书、工作或休息时，也应少干扰或不干扰。

项目理论作业

1. 处理投诉的技巧是什么？
2. 避免或减少投诉的措施有哪些？
3. 应对投诉的工作技能、技巧有哪些？

项目实作训练

1. 训练目的

通过模拟演练提升应对投诉的技巧。

2. 训练要求

熟练工作过程各项服务技能，减少投诉。

3. 任务实施

小组模拟演练，提升应对投诉的技巧，减少投诉。

4. 教学评价

项目五	旅客投诉	
任务 3	旅客投诉的处理技巧	
考核内容	分值	考核得分
1. 列举几项处理投诉的技巧	20	
2. 列举几条避免或减少投诉的措施	20	

续表

项目五	旅客投诉	
任务 3	旅客投诉的处理技巧	
考核内容	分值	考核得分
3. 演练应对乘客投诉时使用文明服务语言	20	
4. 演练服务乘客时相关专业技能	20	
5. 仪容仪表	10	
6. 语言表达	10	
总体得分		
教师简要评语： 教师签字：		

项目六

铁路旅客运输应急服务

项目描述

保证旅客运输安全，是关系到人民生命财产和国家政治声誉的政治问题，必须十分重视。保证旅客运输安全，是铁路运输组织的基本原则之一，是客运职工为旅客服务的首要职责，是客运工作优质服务的重要标志。尤其是市场经济的今天，确保旅客运输安全是树立好企业形象，提高其在运输市场中的竞争力的有力措施。

本项目介绍铁路旅客服务运输应急服务的影响因素，应急预案的类型，防控期间的应急服务，以及应急情况下进行心肺复苏、外伤处理等实操，使学生掌握基础救护知识。

学习目标

知识目标

1. 铁路旅客运输应急的定义。
2. 铁路运输风险因素。
3. 铁路运输突发事件种类。
4. 铁路旅客运输应急预案。
5. 应急组织原则。

6. 心肺复苏基础知识。

7. 创伤救护基础知识。

技能目标

1. 心肺复苏顺序及操作技术。

2. 创伤救护基本操作技术。

素养目标

1. 培养学生紧急情况下的应急处置能力。

2. 培养学生紧急情况下自救互救、拯救生命的意识。

任务 1 铁路旅客运输应急服务概述

情境导入

1987 年 11 月 18 日，英国伦敦皇十字街地铁站因自动扶梯下面的机房内产生电火花，引燃自动扶梯的润滑油，浓烟顺着楼梯通道四处蔓延。由于行驶列车带动气流以及圆筒状自动扶梯的通风作用，火势越烧越烈，人们争先恐后地冲向出口处，许多人被烧、压，窒息而死。这次火灾使 32 人丧生（包括一名消防员），100 多人受伤，地下二层的两座自动扶梯和地下一层的售票厅被烧毁。

一、铁路旅客运输应急

铁路旅客运输应急，是指企业为避免或减轻由于自然灾害或人为等因素引起的非正常运输秩序所产生的影响而立即采取的某些超出正常工作程序的行动。

二、铁路旅客运输风险因素

铁路安全系统是一个混杂的系统，包含多种风险因素，各风险因素之间既相互独立又相互联系、相互影响。铁路旅客运输风险因素可分为 4 类：人、设备、环境、管理。其中，设备既是影响安全的因素，又是保障安全的物质基础；环境可能是影响安全的灾难因素，又可能是应予保护的社会财富，因此必须对其进行合理的组织管理，才能充分发挥各自效能，最大限度地保障行车安全。

1. 人员因素

人员因素是铁路交通运输系统中最活跃的因素，既是影响安全的一种因素，又是防护对象，是导致铁路旅客运输事故的主要因素。可能引起交通风险的人员包括提供服务的工作人员和旅客。

通常来说，一般性事件和事故的发生主要是由旅客未遵守安全乘车规则或旅客自身服务期望和感知错位而引起的，而险性事故和重大事故则多是由于工作人员职责疏忽、业务素质不高、经验欠缺、处置不当等引发的。

2. 设备因素

铁路旅客运输系统是由多个相互独立、相互关联的子系统组成的庞大而复杂的系统。各子系统的设备和子系统之间的协调性都会造成交通风险。造成铁路旅客伤亡的风险因素主要有公务系统风险、车辆系统风险、信号系统风险、通信系统风险、供电系统风险等。

3. 环境因素

影响旅客运输安全的环境因素包括自然环境和社会环境两类。洪水、暴雨、风沙、泥石流以及地震等自然灾害是影响铁路旅客运输安全的重要自然因素。为了降低其危害，需建立灾害环境的预警、预报系统及灾后救援和修复系统。这类因素引起的灾害是非企业责任所造成的，一旦发生，需要运输组织和服务相关管理人员及时、正确引导，并进行安抚、补救等工作，尽快恢复交通秩序。而社会环境主要是指通过组织管理所营造的系统内的协调关系和通过法律、行政法规构筑的系统外部环境，如社会治安及恐怖防范等。

4. 管理因素

在铁路旅客运送过程中，每个环节都有相应人员进行精细管理，客运管理人员在工作中出现的各种失误或是不负责任的行为都会成为旅客的安全隐患。铁路运输企业为保障运营安全，要加强人员管理，以减少事故的发生，还要制定完备的应急处理预案，从而降低事故的影响程度和危害程度。

三、铁路旅客运输突发事件

突发事件：突然发生的，造成或者可能造成人员伤亡、财产损失、环境破坏和重大社会影响的事件。突发事件与突发事故既有区别又有联系。突发事件强调的是事情的不可完全预测性，突发事故比突发事件性质更为严重，通常会有人员伤亡或者财产损失。突发事故属于突发事件范畴，一般包括突发公共卫生事件、突发铁路治安事件、重大自然灾害及火灾事件、重大铁路交通安全事件、其他影响铁路运输安全和畅通的突发性事件。

1. 突发公共卫生事件

突发公共卫生事件是指突然发生、造成或可能造成社会公众健康严重损害的重大传染病疫情、群体性不明原因疾病、重大失误，以及其他严重影响公众健康的事件。

2. 突发铁路治安事件

突发铁路治安事件是指在铁路上发生的爆炸、涉枪、杀人、抢劫、重大盗窃等危害铁路安全的重大治安事件和冲击铁路、拦截列车、聚众哄抢铁路运输物资等群体性治安事件。

3. 自然灾害

自然灾害是以自然变异为主因产生的、表现为自然形态的灾害。

4. 铁路交通事故

铁路交通事故是指铁路在运营过程中发生的各种事故，包括铁路行车事故、路外伤亡事故以及其他运营事故。

四、运输应急体系

1. 运输应急体系构成

一个完整的应急救援体系主要由硬件和软件两部分构成。硬件部分主要指组织机构和应急资源，其中组织机构包括领导决策、现场执行、咨询、支持保障等机构及相关人员，应急资源包括应急设备、设施和指挥信息系统等物力配置。软件部分是指应急相关的政策法规、应急预案、宣传教育等内容。

硬件部分是应急救援体系日常操作的基础平台，软件部分是应急救援体系健康运行的可靠保障。

2. 应急救援体系遵循的原则

应急救援体系的建设是一个复杂的系统工程，应遵循信息充分共享集成原则、集中统一原则、平战结合原则和整体优化原则。

3. 应急救援工作的基本原则

应急救援工作应遵循“以人为本，逐级负责，应急有备，处置高效”的原则，在处理铁路交通事故过程中应做到：

（1）救援响应。接到事故报告和出动命令，救援人员应迅速出动，启动应急预案，并立即向列车调度员和现场负责人报告。

（2）应急通信。到达事故现场后，应立即开通应急通信系统和图像传输设备，保证事故现场与救援指挥中心的通信联络。

（3）统一指挥。现场救援工作实行总指挥负责制，各单位和部门人员要密切配合，各尽其职。

（4）确保安全。救援人员应认真执行各项安全作业规则，正确操作救援设备机具，按程序作业。

（5）恢复畅通。必须全力开通正线，恢复运输秩序，最大限度地减少事故的损失和影响。

项目理论作业

1. 铁路旅客运输应急的定义是什么？
2. 应急组织原则是什么？
3. 铁路旅客运输突发事件的种类有哪些？
4. 铁路旅客运输风险因素包括哪些？

项目实作训练

1. 训练目的

通过模拟演练车站应急处置汇报流程。

2. 训练要求

熟练掌握车站突发事件汇报处置流程和车站突发事件种类。

3. 任务实施

小组模拟演练，提升实际应急处置和操作能力。

4. 教学评价

项目六	铁路旅客运输应急服务	
任务 1	铁路旅客运输应急服务概述	
考核内容	分值	考核得分
1. 绘制车站应急处置汇报流程	20	
2. 列举车站可能发生的应急事件	20	
3. 演练具体事件的应急处置汇报流程	20	
4. 演练时需注重个人技能技术的提升	20	
5. 仪容仪表	10	

续表

<table>
<tr><th>项目六</th><th colspan="3">铁路旅客运输应急服务</th></tr>
<tr><td>任务 1</td><td colspan="3">铁路旅客运输应急服务概述</td></tr>
<tr><td colspan="2">考核内容</td><td>分值</td><td>考核得分</td></tr>
<tr><td colspan="2">6. 语言表达</td><td>10</td><td></td></tr>
<tr><td colspan="3">总体得分</td><td></td></tr>
<tr><td colspan="4">教师简要评语：

教师签字：</td></tr>
</table>

任务 2 安全急救设备

铁路列车是在封闭状态下运营的大型载客交通工具，因设备故障、技术行为、人为破坏、不可抗力等原因，均可能发生突发事故。为保证紧急情况下的人身安全，在列车上和车站都安装有相应的应急设备，当出现紧急情况时，乘客可通过应急设备报警或自救。掌握不同安全急救设备的使用非常重要，是客运服务人员必须具备的岗位技能。

铁路车辆，无论是在乘客车厢还是在车辆驾驶室内，都安装有一定的应急设备，主要包括紧急逃生窗、紧急报警装置、灭火器、紧急开门装置等。

一、紧急逃生窗

每节车厢中有四个紧急逃生窗（有红点的玻璃窗），旁边配备了安全锤。当出现意外时，握紧紧急破窗锤把手，敲击紧急逃生窗红色圆圈提示位置，乘客可以很快逃生。

二、紧急制动阀

客车内若发生紧急情况，可拉动紧急制动手把，实施紧急制动，司机和乘务员室显示屏会立刻显示报警信息。

三、防护网

为了防止车门出现故障，无法关闭，动车组列车配备了防护网。遇到有列车运行或停留，且车门悬挂防护网时，旅客应待在车厢内，不要靠近车门，以防跌落。

四、火灾报警按钮

动车组内每节车厢两感应式内端上方各设一个火灾报警按钮，一个紧急制动按钮。按下按钮，司机室和乘务室的显示屏会立马显示报警信息且蜂鸣器报警。

五、应急梯

动车组列车配备应急梯，用于列车出现特殊情况停靠于非站台处，旅客可以从动车组转移至地面上。

六、安全渡板

用于将旅客从故障动车组转移至相邻线路动车组。动车组在轨道上停稳后，启动车门，将安全渡板搭在两列列车对应车门之间，确认架设稳固后，由专人进行防护。

七、防火隔断门

列车一旦发生火灾，旅客可手动操作门板侧面的拉手，把隔断门拉出，将相邻的两节车厢隔断，避免浓烟呛到其他车厢的旅客，也能集中区域扑灭火苗。

八、卫生间 SOS 按钮

使用卫生间发生突发情况时，可以按下 SOS 按钮求救。很多人错把 SOS 按钮当成冲水按钮，千万要看清标识。

九、乘客紧急报警器

1. 使用时机：当发生紧急情况需要联系列车司机时。

2. 使用方法：掀起红色报警按钮保护罩，按下报警按钮，当上方“听”灯亮时，可与司机通话。

3. 设备位置：车门左侧（每节车厢安装 2 个）。

十、车门紧急解锁手柄

1. 使用时机：当列车车门无法正常开启或紧急情况需要打开车门时。

2. 使用方法：掀起红色紧急手柄保护罩，顺时针旋转手柄至“ | ”车门解锁；旋转手柄至“—”车门复位。

3. 设备位置：每对车门右侧。

十一、灭火器

一般情况下，车厢内配备的灭火器型号均为 6 公斤，放置于车厢乘客底座下或车站前后两端专门设备内。常用灭火器有二氧化碳灭火器（图 6–1）、干粉灭火器（图 6–2）、泡沫灭火器（图 6–3），其使用范围、使用注意事项见表 6–1。

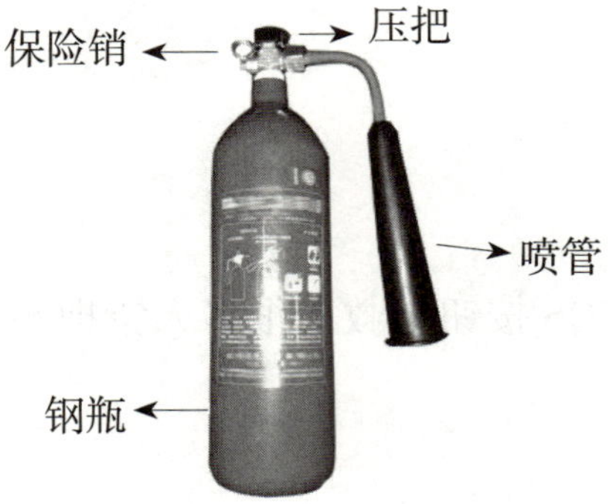

图 6–1　二氧化碳灭火器

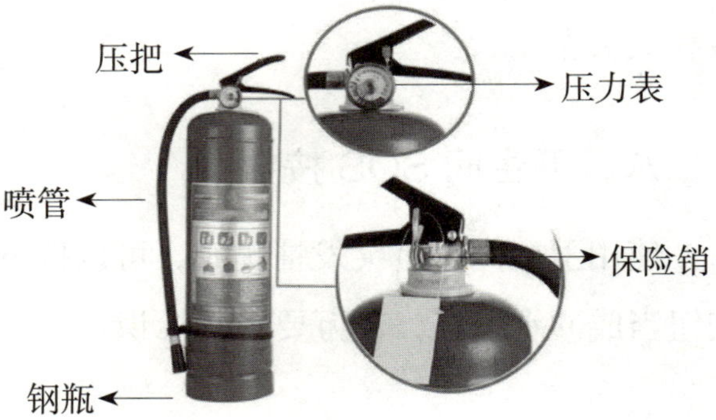

图 6–2　干粉灭火器

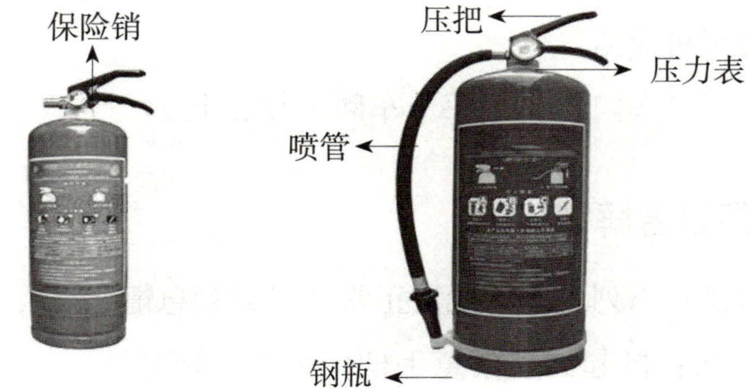

图 6–3　泡沫灭火器

表 6–1　灭火器基础知识

种类	适用范围	使用方法	使用注意事项	检查方法	存放要求
二氧化碳灭火器	B、C 类和电气火灾	1. 提（灭火器） 2. 拔（保险销） 3. 瞄（火焰根部） 4. 压（压下压把）	1. 不要用手直接握喷筒或金属管，以防冻伤 2. 灭火器在喷射过程中应保持直立状态，不可平放或颠倒使用	称重（如果泄漏灭火剂质量超出总质量的十分之一时不可使用）	不能放在高温和日照的地方，应存放在阴凉通风处

续表

<table>
<tr><th colspan="2">种类</th><th>适用范围</th><th>使用方法</th><th>使用注意事项</th><th>检查方法</th><th>存放要求</th></tr>
<tr><td colspan="2"></td><td></td><td rowspan="3"></td><td>3. 不适合在室外大风条件下使用
4. 在狭小室内使用灭火后要打开门窗通风，操作者要迅速撤离，以防因二氧化碳窒息而发生意外</td><td></td><td rowspan="3"></td></tr>
<tr><td rowspan="2">干粉灭火器</td><td>碳酸氢钠干粉灭火器</td><td>B、C类和电气火灾</td><td rowspan="2">在使用前要将灭火器上下颠倒几次，使干粉松动</td><td rowspan="2">看压力表（指针指在红色区域，表明压力不足，应送修；指针指在绿色区域表明可以正常使用；指针指在黄色区域表明压力过大，使用会有危险）</td></tr>
<tr><td>磷酸铵盐干粉灭火器</td><td>A、B、C类和电气火灾</td></tr>
<tr><td colspan="2">泡沫灭火器</td><td>A、B类火灾</td><td></td><td>使用过程中应保持直立状态</td><td></td><td></td></tr>
</table>

•小贴士•

A类火灾是指固体火灾；B类火灾是指液体火灾；C类火灾是指气体火灾。

如遇电气火灾，用水灭火时，应先断电后灭火。

知识链接

灭火器的使用口诀

灭火器使用四字口诀："拔、握、瞄、扫"。"拔"即拔掉插销，"握"即迅速握住瓶把及橡胶软管，"瞄"即瞄准火焰根部，"扫"即扫灭火焰部位。

用手握住灭火器的提把，平稳、快速地提往火场。在距离燃烧物 3 ~ 5 米处，拔出插销，一手握住开启压把，另一手握住喷射喇叭筒，对准火源。喷射时，采取由近及远、由外至里的方法。

特别需要注意的是：灭火时人应站在上风处；不要将灭火器的盖与底对着人体，防止盖、底弹出伤人；不要与水同时喷射，以免减弱效果；扑灭电气起火时，应先切断电源，防止触电；同时持喷筒的手应握住胶质喷管处，防止被冻伤。

灭火器的使用步骤如图 6–4 所示。

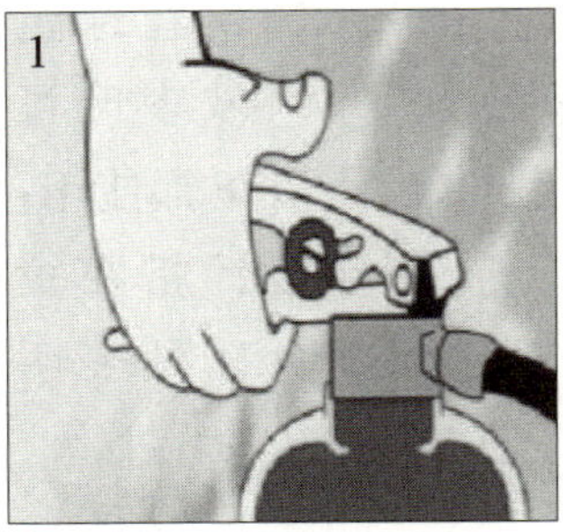

第一步：提起灭火器

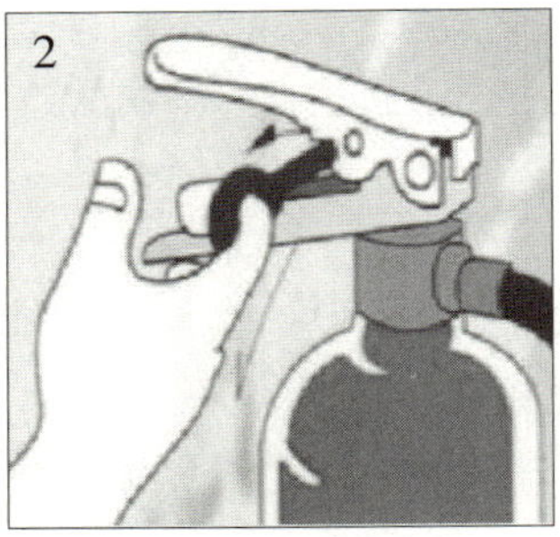

第二步：拔下保险销

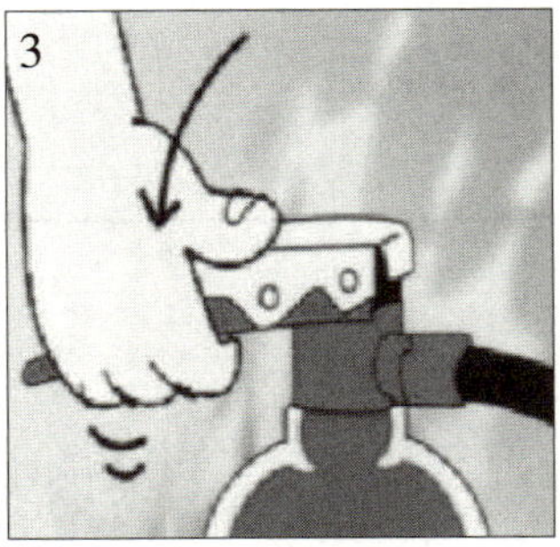

第三步：用力压下手柄

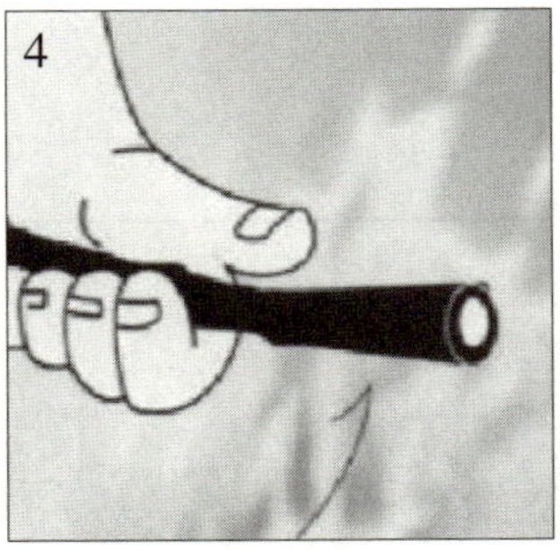

第四步：对准火源根部 3 ~ 5 米顺风方向灭火

图 6–4　灭火器的使用步骤

十二、铁路红十字药箱

除上述列车应急设备外，还有一些应急时使用的物品，如铁路红十字会药箱。

1. 定义

在旅客列车、客运车站及沿线小站、工区旅客或职工突发疾病或意外伤害时，用于应急救助便于携带装有非处方药品与器械的药箱。

2. 配备原则

铁路红十字药箱内的药品配置应该是国家基本药物范围内的常用、安全、方便、有效的非处方药、消毒剂以及临床常用的诊疗用具。非处方药品应包括治疗突发性心血管疾病、高热、咳喘、腹泻、眩晕、过敏、疼痛、外伤出血的药品。

3. 使用规定

在旅客列车上遇到突发疾病的旅客时，应通过广播向旅客中的医务工作者求助，列车红十字救护员应立即携带药箱到达现场，并对伤病员及时实施初步救护。红十字救护员在实行紧急救护时应将有关情况告知患者及同行旅客。药箱内药品与器械限于在旅客列车运行中，车上人员突发疾病或创伤时简易救治。红十字救护员用药械后应当客观、翔实地填写药械使用登记表。

4. 管理规定

旅客列车红十字药箱放置于列车医疗点，客运车站红十字药箱放置于候车室，工具放置于方便使用的地方。放置红十字药箱的位置应设置紧急救护标识，明示紧急救护设施。紧急救护标识和药箱外标识统一使用红十字标识（图 6-5）。

图 6-5 红十字标识

红十字药箱使用证（图 6-6）和清单目录：

每个药箱内应有使用证和清单目录，使用证应有发证机构盖章，清单目录包括药品品名数量及有效期。

铁路红十字药箱使用证

单位名称：

使用地址：

适用范围：旅客或铁路职工突发急病或创伤时，简易救治免费使用。

发证机关：（盖章）

图 6-6　红十字药箱使用证

项目理论作业

1. 铁路安全急救设备有哪些？
2. 车门紧急解锁手柄如何使用？
3. 简述灭火器的使用方法。

项目实作训练

1. 训练目的

通过模拟演练提升应对突发事件的应急处理能力。

2. 训练要求

熟练掌握发生火灾时的应急处置流程和设备操作。

3. 任务实施

小组模拟演练，提升应对突发事件的应急处置能力。

4. 教学评价

项目六	铁路旅客运输应急服务	
任务 2	安全急救设备	
考核内容	分值	考核得分
1. 熟练掌握安全应急设备使用	20	
2. 编写车站发生火灾的应急处置流程	20	
3. 演练车站发生火灾的应急处置过程	20	
4. 演练突发事件的处理能力和设备操作	20	
5. 仪容仪表	10	
6. 语言表达	10	
总体得分		
教师简要评语： 教师签字：		

任务 3　新冠肺炎疫情下的客运服务

新冠肺炎疫情暴发以来，铁路部门高度重视疫情防控工作，将新冠肺炎疫情防控作为当前最重要的工作来抓，采取了一系列防控措施，坚决打赢新冠肺炎疫情防控阻击战。

一、采取的客运服务相关措施

1. 进一步加强车站旅客测温。主动协调地方政府，在铁路车站配置测温设备，派驻医务人员，准备转运救护车，在客运大站配置探头式自动测温仪，建立有序高效的工作机制，对体温大于（含）37.3℃的旅客劝导就医。

2. 及时配合协查密切接触者。对因疫情处置划定为密切接触者的旅客信息，按规定第一时间无条件提供给地方政府卫生部门，规范流程，安全管理，为及时处置疫情赢得时间。

3. 组织旅客填报健康登记卡。根据国家工作部署和地方政府防控要求，组织旅客填报健康登记卡，提供基本信息和联系方式，出站时统一收集，并交地方政府卫生部门。

4. 加强应急与预防消毒。组织各站车等单位做好日常消毒，配备消毒药械，培训保洁人员，开展环境消毒；组织各铁路疾控所做好疫情消毒和站车预防性消毒，重点加大省、市、区、城市等客运大站的消毒频次，做好终到列车车辆消毒。

5. 严格管理关闭的乘车通道。对已关闭的乘车通道进行严格管理，杜绝私自放行人员。对违反规定的，严肃处理；因放行造成疫情传播的，依法追究责任。

6. 加强职工健康防护。为干部职工配发口罩，要求站车服务人员上岗时必须佩戴口罩，工作需要的可佩戴防护手套。对调度指挥、行车等重点岗位、场所实行严格管理，加强通风消毒，严控人员出入。组织乘务人员出乘、退乘时进行体温检测，对体温大于（含）37.3℃的，暂停其乘务工作并劝导就医。

二、铁路客运新冠肺炎疫情防控方式

1. 火车站等做好个人防护及消毒用品等物资储备，制定应急预案，设置应急处置区域，落实单位主体责任制，加强人员培训。

2. 建立员工健康监测制度，每日对员工健康状况进行登记，身体不适时应及时就医。

3. 在火车站入口处增加体温测量设备，对进出站乘客进行体温检测，高于 37.3℃的乘客应在应急区域进行暂时隔离，再按照其他相关规范要求进行处理。

4. 加强通风换气。如使用集中空调，保证空调运行正常，加大新风量，全空气系统关闭回风。

5. 加强对卫生间、门把手、电梯按钮等公用设施和高频接触部位清洁消毒。有条件的配备速干手消毒剂，安装感应式手消毒设施。

6. 保持候车室和列车车厢等区域环境整洁，及时清理垃圾。

7. 对车辆进行清洁消毒，座椅套等织物应保持清洁，定期洗涤和消毒处理。

8. 列车配备手持体温检测仪，并在适当位置设立应急区域，临时隔离出现发热、咳嗽等可疑症状的乘客。

9. 现场购票时保持 1 米以上距离，避免人群聚集。

10. 客运服务人员应加强个人防护，佩戴口罩，做好手部卫生。

项目理论作业

1. 新冠肺炎疫情防控期间，客运服务采取的措施有哪些？

2. 新冠肺炎疫情期间，铁路客运的防控方式有哪些？

项目实作训练

1. 训练目的

通过模拟演练提升应对疫情防控的工作流程。

2. 训练要求

熟悉各项防疫要求和车站防疫流程。

3. 任务实施

小组模拟演练，提升防疫应对技能和突发事件处理能力。

4. 教学评价

项目六	铁路旅客运输应急服务	
任务 3	新冠肺炎疫情下的客运服务	
考核内容	分值	考核得分
1. 熟练掌握防疫物资的使用	20	
2. 编写车站新冠肺炎疫情防控下的一日工作流程	20	
3. 编写突发新冠肺炎疫情时，车站处置流程	20	
4. 演练突发新冠肺炎疫情时的防控处置流程	20	
5. 新冠肺炎疫情相关设施设备的使用熟练度	10	
6. 语言表达	10	
总体得分		
教师简要评语： 教师签字：		

任务 4 伤害急救应急处理

在任何生产活动中，都可能会发生一些人身伤害事故，铁路系统也不例外。发生事故后的现场急救对伤者非常关键，如果现场急救正确及时，不仅可以减轻伤者的痛苦，降低事故的严重程度，而且可以争取抢救时间，挽救人的生命。

一、机械伤害急救要点

1. 发生机械伤害事故后，现场人员不要害怕、慌乱，迅速对受伤人员进行检查。

急救检查应先看神志、呼吸，接着摸脉搏、听心跳，再查瞳孔，有条件者测血压。检查局部有无创伤、出血、骨折、畸形等变化，根据伤者的情况，有针对性地采取人工呼吸、心肺复苏、止血、包扎、固定等临时应急措施。

2. 迅速拨打急救电话，向医疗救护单位求援。我国通用的医疗急救电话是 120，但除了 120 以外，各地还有一些其他的急救电话，也要留意。在发生伤害事故后，要迅速拨打急救电话。拨打电话时，要注意以下问题：

（1）在电话中应向医生讲清伤员的确切地点、联系方式（如电话号码）、行驶路线。

（2）简要说明伤员的受伤情况、症状等，并询问清楚在救护车到来之前，应该做些什么。

（3）派人到路口迎候救护人员。

3. 遵循“先救命、后救肢”的原则，优先处理颅脑伤、胸伤、肝、脾破裂等危及生命的内脏伤，然后处理肢体出血、骨折等伤。

4. 检查伤者呼吸道是否被舌头、分泌物或其他异物堵塞。

5. 如果呼吸已经停止，立即实施人工呼吸。

6. 如果脉搏不存在，心脏停止跳动，立即进行心肺复苏。

7. 如果伤者出血，要进行必要的止血及包扎。

8. 对于颈部、背部严重受损者要慎重，以防止进一步受伤。

9. 让患者平卧并保持安静，如有呕吐，同时无颈部骨折时，应将其头部侧向一边，以防止堵塞气管。

10. 动作轻缓地检查患者，必要时剪开其衣服，避免突然挪动增加患者痛苦。

11. 救护人员既要安慰患者，自己也应尽量保持镇静，以消除患者的恐惧。

12. 不要给昏迷或者半昏迷者喝水，以防液体进入呼吸道而导致窒息。也不要用拍击或摇动的方式试图唤醒昏迷者。

二、急救技术

1. 人工呼吸

人工呼吸是一种用于自主呼吸停止时的急救方法，运用肺内压与大气压之间压力差的原理，使呼吸骤停者获得被动式呼吸，获得氧气，排出二氧化碳，维持最基础的生命。通过徒手或机械装置使空气有节律地进入肺内，然后利用胸廓和肺组织的弹性回缩力使进入肺内的气体呼出，如此周而复始以代替自主呼吸。

人工呼吸适用于窒息、煤气中毒、药物中毒、呼吸肌麻痹、溺水及触电等患者的急救。

人的心脏和大脑需要不断地供给氧气，如果中断供氧 3 ~ 4 分钟就会造成不可逆性损害，缺氧 4 ~ 6 分钟就会引起死亡。因此，必须争分夺秒地进行有效呼吸，以挽救其生命。在某些意外事故中，如触电、溺水、脑血管和心血管意外，一旦发现心跳呼吸停止，首要的抢救措施就是迅速进行人工呼吸和胸外心脏按压，以保持有效通气和血液循环，保证重要脏器的氧气供应。现场急救人工呼吸可采用口对口（鼻）方法，或使用简易呼吸囊。在医院内抢救呼吸骤停患者还可使用结构更复杂、功能更完善的呼吸机。

人工呼吸方法很多，有口对口吹气法、俯卧压背法、仰卧压胸法，但以口对口吹气式人工呼吸最为方便和有效。

（1）口对口吹气法

此法操作简便、容易掌握，而且气体的交换量大，接近或等于正常人呼吸的气体量。对大人、小孩效果都很好。操作方法：

①病人取仰卧位（即胸腹朝天）。

②首先清理患者呼吸道，保持呼吸道清洁。

③使患者头部尽量后仰，以保持呼吸道畅通。

④救护人站在其头部的一侧，自己深吸一口气，对着病人的口（两嘴要对紧，不要漏气）将气吹入。为使空气不从鼻孔漏出，此时可用一手将

其鼻孔捏住，然后救护人嘴离开，将捏住的鼻孔放开，并用一手压其胸部，以帮助呼气。这样反复进行，每分钟进行 14 ~ 16 次。

如果病人口腔有严重外伤或牙关紧闭时，可对其鼻孔吹气（必须堵住口）即为口对鼻吹气。救护人吹气力量的大小，依病人的具体情况而定。一般以吹进气后，病人的胸廓稍微隆起为最合适。口对口之间，如果有纱布，则放一块叠二层厚的纱布，或一块一层的薄手帕，但注意不要因此影响空气出入。

（2）俯卧压背法

此法应用较普遍，但在人工呼吸中是一种较古老的方法。由于病人取俯卧位，舌头能略向外坠出，不会堵塞呼吸道，救护人不必专门来处理舌头，节省了时间（在极短时间内将舌头拉出并固定好并非易事），能及早进行人工呼吸。气体交换量小于口对口吹气法，但抢救成功率高于下面将要提到的几种人工呼吸法。在抢救触电、溺水时，现场多用此法，但对于孕妇、胸背部有骨折者不宜采用此法。操作方法：

①病人取俯卧位，即胸腹贴地，腹部可微微垫高，头偏向一侧，两臂伸过头，一臂枕于头下，另一臂向外伸开，以使胸廓扩张。

②救护人面向其头，两腿屈膝跪于伤病人大腿两旁，把两手平放在其背部肩胛骨下角（大约相当于第七对肋骨处），脊柱骨左右，大拇指靠近脊柱骨，其余四指稍开微弯。

③救护人俯身向前，慢慢用力向下压缩，用力的方向是向下、稍向前推压。当救护人的肩膀与病人肩膀将成一直线时，不再用力。在这个向下、向前推压的过程中，将肺内的空气压出，形成呼气。然后慢慢放松回身，使外界空气进入肺内，形成吸气。

④按上述动作，反复有节律地进行，每分钟 14 ~ 16 次。

（3）单人复苏术

当发现被救者的心脏、呼吸均已停止时，如果现场只有一人，此时应立即对被救者进行口对口人工呼吸和体外心脏按压。操作方法：

①开放气道后，捏住被救者的鼻翼，用嘴巴包绕住被救者的嘴巴，连续

吹气两次。

②立即进行体外心脏按压 30 次，按压频率每分钟 80 ~ 100 次。

③接着，每做 30 次心脏按压后，连续吹气两次，反复交替进行。同时每隔 5 分钟检查一次心肺复苏效果，每次检查时，心肺复苏术不得中断 5 秒以上。

（4）仰卧压胸法

此法便于观察病人的表情，而且气体交换量也接近于正常的呼吸量。但最大的缺点是，伤员的舌头由于仰卧而后坠，阻碍空气的出入，所以做本法时要将舌头拉出。这种姿势，对于淹溺及胸部创伤、肋骨骨折伤员不宜使用。操作方法：

①病人取仰卧位，背部可稍加垫，使胸部凸起。

②救护人屈膝跪地于病人大腿两旁，把双手分别放于乳房下面（相当于第六、七对肋骨处），大拇指向内，靠近胸骨下端，其余四指向外，放于胸廓肋骨之上。

③向下稍向前压，其方向、力量、操作要领与俯卧压背法相同。

2. 心肺复苏

心搏骤停一旦发生，如得不到及时抢救，4 ~ 6 分钟后会对患者的脑部和其他人体重要器官组织造成不可逆的损害，因此心搏骤停后的心肺复苏必须在现场立即进行。

心肺复苏顺序及操作技术

现场救护员首先对患者有无反应、意识和呼吸做出基本判断。只要发现无意识、无呼吸（或叹息样呼吸），立即向急救系统求救，然后开始人工呼吸。

3. 止血

当伤员身体有外伤出血现象时，应积极采取止血措施。常用的止血方法有以下几种：

（1）伤口加压法。这种方法主要适用于出血量不太大的一般伤口，通过对伤口的加压和包扎，减少出血，让血液凝固。如果伤口处没有异物，可用干净的纱布、布块、手绢、绷带或直接用手紧压伤口止血；如果出血较多，应用纱布、毛巾等柔软物垫在伤口上，再用绷带包扎以增加压力，达到止血的目的。

（2）手压止血法。临时用手指或手掌压迫伤口靠近心端的动脉，将动脉压向深部的骨头上，阻断血液的流通，从而达到临时止血的目的。这种方法通常是在急救中与其他止血方法配合使用，其关键是要掌握身体各部位血管止血的压迫点。

手压止血法仅限于无法止住伤口出血或准备敷料包扎伤口的情况。施压时间切勿超过 15 分钟，如施压过久，肢体组织可能因缺氧而损坏，以致无法康复，继而可能导致截肢。

（3）止血带法。这种方法适合于四肢伤口大量出血的情况，主要有布止血带绞紧止血、布止血带加垫止血、橡皮止血带止血三种。使用止血带止血时，绑扎松紧要适宜，以出血停止、远端不能摸到脉搏为好。使用止血带的时间越短越好，最多不宜超过 3 小时，并在此间隔内每隔 0.5 小时或 1 小时慢慢解开、放松一次。每次放松 1 ~ 2 分钟，放松时可用指压法暂时止血。不到万不得已时不要轻易使用止血带，因为止血带能把远端肢体的全部血流阻断，造成组织缺血，时间过长会引起肢体坏死。

项目理论作业

1. 人工呼吸有哪几种方法？
2. 心肺复苏的注意事项有哪些？
3. 止血有哪几种方法？注意事项是什么？

项目实作训练

1. 训练目的

通过训练，提高学生的动手能力和团队精神。

2. 训练要求

熟练掌握心肺复苏与人工呼吸的操作技术及注意事项。

3. 任务实施

心肺复苏及人工呼吸实际操作考核。

4. 教学评价

项目六	铁路旅客运输应急服务	
任务 4	伤害急救应急处理	
考核内容	分值	考核得分
1. 能正确判断意识、呼吸	10	
2. 呼叫、求救表述正确	10	
3. 心肺复苏体位正确，按压部位正确	10	
4. 按压手法及按压姿势正确	10	
5. 按压操作正确	30	
6. 人工呼吸准备及操作正确	20	
7. 整体效果	10	
总体得分		
教师简要评语： 教师签字：		

参考文献

［1］刘莉娜．城市轨道交通客运组织［M］．第 2 版．北京：人民交通出版社，2012.

［2］彭进．铁路客运组织［M］．第 2 版．北京：中国铁道出版社，2018.

［3］石瑛．铁路客运服务礼仪［M］．北京：人民交通出版社，2016.

［4］高蓉．城市轨道交通服务礼仪［M］．第 2 版．北京：人民交通出版社，2018.

［5］石瑛．铁路客运服务礼仪［M］．上海：上海交通大学交通出版社，2018.

［6］王越，冶海英．铁路客运服务礼仪［M］．北京：人民交通出版社，2019.

［7］邓岚，李培锁．高速铁路客运组织与服务［M］．北京：中国铁道出版社，2017.

［8］任义娥．城市轨道交通客运服务［M］．北京：人民交通出版社，2019.

［9］卢春华，刘颖异．铁路客运服务礼仪［M］．北京：北京理工大学出版社，2018.

［10］王慧．高速铁路客运服务管理与沟通技巧［M］．成都：西南交通大学出版社，2020.

［11］李云飞，刘鸿婷．城市轨道交通客运服务［M］．北京：人民交通出版社股份有限公司，2020.